古田隆彦

日本人はどこまで減るか

人口減少社会のパラダイム・シフ

幻冬舎新書

085

日本人はどこまで減るか／目次

はじめに
人口減少を読み違えるな！

人口減少社会の十大誤解

日本の人口は二〇〇四年末、一億二七八〇万人でピークを超えました。長期滞在や永住の外国人、約一五〇万人を差し引いた〝純〟日本人の人口も、この前後に一億二六三〇万人でやはりピークを超え、すでに減りはじめています。

二つの人口は今後も減り続け、二一〇〇年には四〇〇〇万人を割るとの予測も出ていますから、これを覆そうと、政府や財界ではさまざまな対策を進めています。しかし、現在検討されている程度では、減少の速度を多少落とせたとしても、回復するまでには至りません。大量の移民導入でもしない限り、維持や増加はまず無理でしょう。

とすれば、しばらくの間、日本が人口減少社会へ向かうのは避けようがありません。少なくとも二一世紀の中ごろまで、一九〜二〇世紀のような右肩上がりの社会とはまったく対照的な、右肩下がりの社会へ移行していきます。

日本人の人口が減るのはおよそ二七〇年ぶりのことです。そのためか、人口減少の原因や人口の減る社会については、さまざまな誤解が生まれています。政治家や官僚をはじめ、学者やジャーナリスト、さらには新聞やテレビなどのマスメディアまでが、かなり的外れな意見や議論を展開しています。いずれも過去の常識や観念にとらわれて、現実の変化を見誤っているためと思われますが、その中からとりわけ大きな誤解を一〇項目選んでみましょう。

①　少子・高齢化で人口が減る
②　子どもが減り、老人が増える
③　出生率が上がればベビーの数は増加する
④　年金保険料の負担者が減って年金制度が崩壊する
⑤　労働力が減ってＧＤＰ（国内総生産）が低下する
⑥　消費人口が減って消費市場が縮小する
⑦　ＧＤＰが伸びないから個人所得も伸びない
⑧　少子化の原因は結婚・出産形態の変化である
⑨　少子化対策で人口は回復できる
⑩　日本人は九〇〇年後に絶滅する

いかがでしょうか。一つや二つなら間違っていると気づかれた読者もおられるでしょう。けれども、一〇項目すべてが誤っているとしたら、かなり驚かれるのではないでしょうか。政府は嘘をいっているのか。マスメディアは虚報を流しているのか。いやいや、そうではない。この本がでたらめなのだ。ウケをとろうと奇をてらっているだけだ、と不快に思われる方も多いでしょう。

だが、もしもすべてが誤りだとしたら、あるいは全く別の見方ができるとしたら、どんな反応をされるのでしょう。「やはり詭弁《きべん》だ」と頑なに拒否されるのか、それとも「パラダイム（思考の枠組み）の転換だ」と柔軟に受け入れられるのか、どちらを選ばれるのでしょうか。

筆者としては当然、後者の多いことを期待しています。が、だからといって、決して前者に憤るわけではありません。否、それ以上にある種の期待すら抱いています。なぜなら、常識や通説を信じている方々に一瞬でも目をこすらせ、まったく別の見方へ誘導できるとすれば、その説得にぜひとも挑戦してみたいと思うからです。

一〇項目がすべて誤りだという主張は、この本の中で詳しく述べていきますが、その前にざっと論点を整理しておきましょう。

少子・高齢化で人口が増える

第一に「少子・高齢化で人口が減る」ことはまずありえません。少子化でいくら出生数が減ってもベビーがゼロにならない限り人口は増えますし、高齢化で寿命が延びれば死亡者が減りますから、やはり人口は増えます。少子化でも増え、高齢化でも増える以上、人口は増え続けるはずです。

つまり、「少子・高齢化」が進んでも、出生数が死亡数を超えている限り、人口は増えます。死亡数と同数となっても、人口は維持されます。出生数が死亡数を下回って、ようやく人口は減ることになります。要するに「少子・高齢化」で人口が減る確率は三分の一にすぎません。場合によっては「少子・高齢化でも人口が増える」こともあるのです。それでもなお詭弁だと思われる方はⅠをお読みください。

第二に「子どもが減り、老人が増える」というのは、子どもと老人の定義を四十数年前のまま変えていないからです。平均寿命が延びたのに比例して、子どもの定義を一五歳未満から二五歳未満へ、老人の定義を六五歳以上から七五歳以上へ、それぞれ変えていけば、二〇三〇年ころまで「子どもは増え、老人は減る」のです。どの程度増えるか減るかについては、やはりⅠを読んでください。

第三に「出生率が上がればベビーの数は増加する」わけではありません。ここでいう出生率とは合計特殊出生率のことですが、これは「出産適齢期の女性の出生率を年齢ごとに算出し、それぞれの出生率を足し合わせた数値」で、「一人の女性が一生に産む子どもの数の平均」を示しています。ということは、結婚や同棲している女性たちの年齢構成と彼女たちの出生率が反映されているだけで、その大前提である出産適齢期（一五〜四九歳）の女性の数はまったく考慮されていません。

このため、合計特殊出生率が上がったとしても、出産適齢期の女性人口が減れば、出生数は増えません。利益率がいくら上がっても、売上額が落ちれば、利益額が増えないのと同じことです。現在の日本ではⅦで述べるように、出産適齢期の女性人口が大幅に減っていますから、「出生率を上げてもベビーの数は減少する」のです。

第四に「年金保険料の負担者が減って年金制度が崩壊する」のでしょうか。確かに二〇〜六〇歳未満を被保険者とする年金制度やこれまでの運用実態を前提にすれば、破綻や崩壊の恐れは充分考えられます。しかし、第二の項目で述べたように、年齢区分を徐々に繰り上げ、最終的には二五〜七四歳を被保険者、七五歳以上を給付者とするように制度を変えていけば、Ⅰで詳述するように、一人の高齢者を養う被保険者の比率は、二〇一〇年の二・三人から三〇年の三・二人へむしろ楽になっていきます。それにもかかわらず、破綻するというのは、年金をマネージする政府の能力不足にすぎません。少し頭を切り替えれば、「年金保険料の負担者が増えて年金制度は維持できる」のです。

ゼロ成長でも所得は伸びる

第五の「労働力が減ってGDPが低下する」という説は、多くの経済学者が指摘し、大半のマスメディアも同調しています。「人口が減ると、労働力が減るから、経済規模が縮小する」というのですが、それはたかだか二〇〜三〇年の短期的な視野で経済の動きをみているからです。人口が増え続けていた時代の生産性の、緩やかな伸び率をそのまま延長し、人口減少時代に当てはめれば、そうなるのも当然でしょう。

だが、もっと長期的に人口減少社会の先例を参考にすれば、決してそうはなりません。Ⅸで紹介するように、江戸時代中期の日本や中世末期のイギリスでは、労働力は激減しましたが、農地、農具、生産技術などの生産資源が保存されていましたので、生産性が急速に上昇し、生産力も維持されました。現代の日本でたとえ労働力が減ったとしても、ロボットやパソコンをフルに稼働させて生産性を上昇させ、生産力を維持していくことはさほど難しいことではありません。それができれば、「労働力が減ってもGDPは維持できる」のです。

第六の「消費人口が減って消費市場が縮小する」という意見も経営学者たちの取り越し苦労にすぎません。確かに人口に比例する必需品の消費は減っていきますが、生産力が維持されておれば、価格は下がっていきますから、家計にはその分ゆとりが生まれ、IXで述べるように、消費者の多くは高付加価値の選択品を求めるようになります。こうした傾向が生まれる以上、たとえ消費者の数が減ったとしても、一人当たりの消費額は大きく伸び、個人消費は全体として膨らんでいきます。つまり、「消費人口が減っても消費市場は拡大する」のです。

第七の「GDPが伸びないから個人所得も伸びない」という説も、需要と供給が第五、第六で述べたように維持、拡大されるとすれば、これまた疑わざるをえません。人口増加時代のような大幅な拡大は望めないとしても、従来の規模を維持することはさほど困難ではありません。つまりゼロ成長を続けていくということですが、それができさえすれば個人所得は徐々に上がってきます。詳しくはIXに示しますが、GDPを分子、人口を分母におくと、分子が一定であれば、分母が減っていく分だけ、解である個人所得は増えていくからです。人口減少時代には「GDPが伸びなくても個人所得が伸びる」のが当たり前になるでしょう。

二一世紀末に反転

第八の「少子化の原因は結婚・出産形態の変化である」という意見は、人口統計学者やフェミニストの多くが唱えているものです。いわゆる晩婚化・非婚化、あるいは少産化・無産化という現象が出生数の減少を招いているというのです。さらにその背景として「子育てと仕事の両立が困難」とか「出産や育児への社会的な支援が不足」などがあげられています。確かに昨今の現象面だけみれば「なるほど」とうなずける意見です。

だが、こうした意見もまた近視眼にすぎません。実をいえば、出生率の低下は最近になってはじまったのではなく、Ⅷで述べるように、一九二〇年ころ（大正時代末期）から続いている長期的な傾向であるからです。ベビーブーマーやそのジュニアの出生で出生率が上向いたようにみえたのは、社会的な圧力でその流れが一時的に打ち切られたからにすぎません。

とすれば、出生率低下の真の原因はもっと別のところにあるはずです。それを探るため、この本では動物の個体数（動物の数）減少の最大理由は「キャリング・キャパシティー」にある、という見方を提案しました。キャパシティーが一杯になれば個体数は自ら抑制されるという理論です。この立場からみれば、Ⅱ、Ⅲで詳しく述べるように、「少子化の真因は人口容量（後述）の飽和化」ということになります。

第九の「少子化対策で人口は回復できる」という発想も大きな誤解です。いわゆる少子化対策を打って両親の負担を減らせば、その分だけ生活水準や自由度が上がります。ところが人口容量が伸び悩んでいる国で、国民一人当たりの生活水準や自由度を上げれば、全体の容量は逆に縮小します。それゆえ、少子化対策を打てば打つほど、Ⅶでみるように人口容量はますます縮小し、その分、出生数は減り死亡数は増えて、結果として人口は減っていきます。要するに、

「少子化対策で人口はますます減少する」のです。

第一〇の「日本人は九〇〇年後に絶滅する」という意見も、近ごろ急速に広がっているようです。勿論、「現在の減少傾向がこのまま続けば」という前提つきですが、この前提こそ疑ってみるべきでしょう。現在の傾向が何百年も続いていくことなど、実際にはありえないからです。そうした単純な発想で世論を惑わそうとすること自体が、現実を読み解く理論的な根拠を失っている証拠です。もっと視野を広げて、人口容量説や人口波動説といった立場にたてば、「人口はいつまでも減っていくのではなく、必ず反転の可能性がある」という展望が開けてきます。

詳しくはⅧで述べますが、「人口が減るのは人口容量の壁に突きあたったため」ですから、逆に「人口が減っていくと、人口容量に余裕が生まれる」ことになり、「余裕が出てくると、人口は再び増加する」という仮説がなりたちます。この仮説に基づいて実際に予測してみると、日本の人口は二〇八六年の六六六五万人で底をうって、二〇八七年から増加に転じ、二一〇〇年には七〇一四万人と七〇〇〇万人台を回復する可能性が出てきます。つまり、日本人は絶滅するのではなく、「二二世紀末から反転する」のです。

パラダイムの大転換をめざして

いかがでしょうか。ざっと整理しただけですが、これだけのことで、世の中に広く通用している一〇項目のすべてを否定し、逆の方向を示すことができます。

勿論、すべてを同じように逆転できるのではなく、程度の差はあります。①少子・高齢化で人口が減る、③出生率が上がればベビーの数は増加する、⑦GDPが伸びないから個人所得も伸びない、の三つは明らかに間違いだ、と指摘できますが、②子どもが減り、老人が増える、④年金保険料の負担者が減って年金制度が崩壊する、⑤労働力が減ってGDPが低下する、⑥消費人口が減って消費市場が縮小する、の四つは政策や経済の常識を少し変えれば別の方向があるということです。また、⑧少子化の原因は結婚・出産形態の変化である、⑨少子化対策で人口は回復できる、⑩日本人は九〇〇年後に絶滅する、の三つは常識的な見方を離れて別の視点にたてば、正反対の結論が出ることを示しています。

要するに、幾分程度の差はあるものの、まったく別の見方ができるという可能性は充分にあります。そこで、一〇項目を改めて訂正しておきましょう。

① 少子・高齢化でも人口は増える
② 子どもは増え、老人は減る

③　出生率を上げてもベビーの数は減少する
④　年金保険料の負担者が増えて年金制度は維持できる
⑤　労働力が減ってもGDPは維持できる
⑥　消費人口が減っても消費市場は拡大する
⑦　GDPが伸びなくても個人所得は伸びる
⑧　少子化の真因は人口容量の飽和化である
⑨　少子化対策で人口は減少する
⑩　人口は必ず反転し増加する

こうした見方ができるにもかかわらず、新聞やテレビなどでは逆の見方があたかも正論のようにまかり通っています。「人口問題については誤解が多い」ということなのか、それとも「世の中の常識とはこれほどもろいものだ」ということなのでしょうか。

いずれにしろ、人口減少原因や人口減少社会を読みとる視点には、政府やマスメディアの誘導する方向だけでなく、まったく別の見方がありそうです。そうした見方を探しだすには、人口増加社会の手垢《てあか》に染まった理論や学説を超えて、人口減少社会にふさわしい視点や発想を手に入れなければなりません。人口の増加する時代から減少する時代に向けて、まさにパラダイムの大転換が必要なのです。

この本では、こうした視点や発想を求めて、あらゆる学問や思想の枠を超えた、大胆な思索に挑戦していきます。

第一部 人口減少がはじまった

I 日本人はなぜ減るか

二一〇〇年には三分の一に

二〇〇六年の秋、日本のマスメディアは「わが国の人口が二〇〇四年をピークに、〇五年から減りはじめている」と一斉に報道しました。十月末に発表された〇五年国勢調査の確定値では、〇五年十月一日時点の総人口が一億二七七七万人と、前年同月の一億二七七九万人より二万人減少しており、これを基準に月別推計を見直すと、〇四年十二月の一億二七八四万人がピークであったことがわかったからです。

そこで、この結果に基づいて、国立社会保障・人口問題研究所は〇六年十二月に新たな人口予測を行ない、『日本の将来推計人口』と題して発表しました。この推計では、将来の出生数と死亡数について、それぞれ中位、高位、低位の三つの仮定を立て、合計九ケースの予測を行なっています。基本となる三ケースでは死亡数を中位とし、出生数を中、高、低の三仮定にして予測値を出していますが、その結果は図表1―1に示したとおりです。

図表1－1　人口の推移と予測

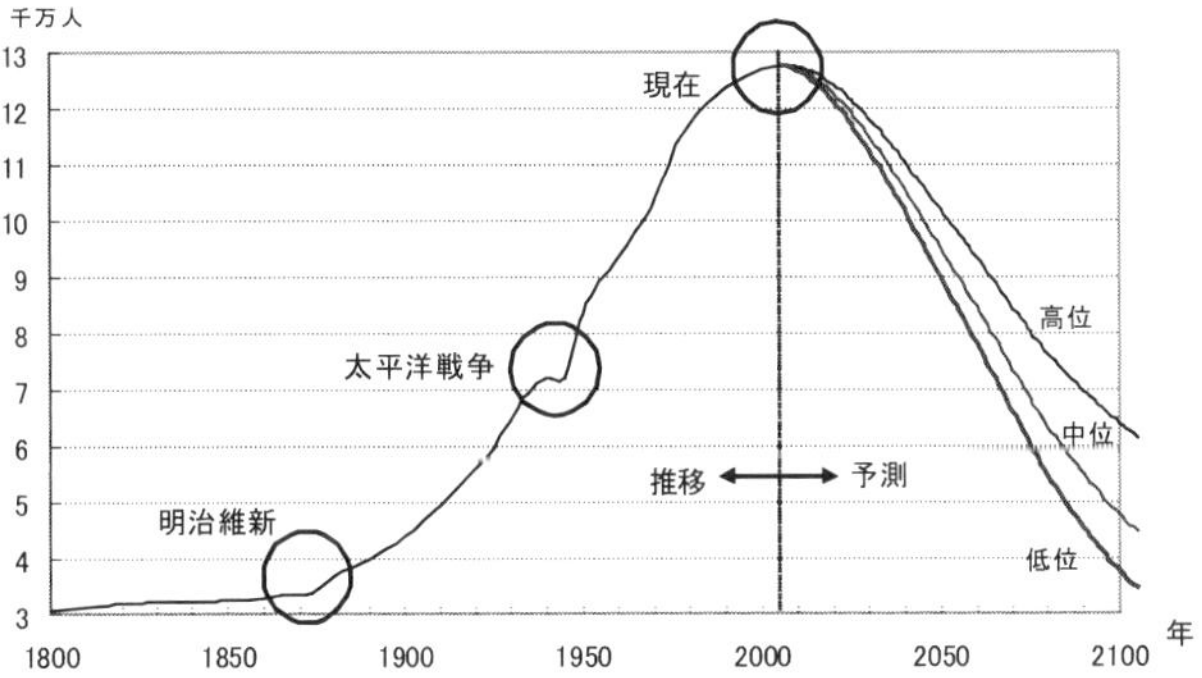

データ出所：巻末・日本人口の推移，国立社会保障・人口問題研究所 2006 年推計

①　中位推計（出生中位・死亡中位）では、二〇四六年に一億人を割り、二一〇〇年には四七七一万人まで減る。これは一九〇七（明治四〇）年の水準である。

②　高位推計（出生高位・死亡中位）では、二〇五三年に一億人を割り、二一〇〇年には六四〇七万人まで減る。これは一九三〇（昭和五）年の水準である。

③　低位推計（出生低位・死亡中位）では、二〇四二年に一億人を割り、二一〇〇年には三七七〇万人まで減る。これは一八八四（明治一七）年の水準である。

いずれのケースでも、二〇四二～五三年の間に一億人を割り、二一世紀末には三七〇〇～六四〇〇万人まで落ちていきます。同研究所の過去の予測では低位推計が一番当たってきましたから、今後もこれが続くとすれば、〇四年のピーク時に比べて半減どころか三分の一になります。かなり厳しい数値ですが、この可能性が最も高いと考えられますから、以下で述べる、すべての人口予測は③の低位値を基準にすることにします。

もっとも、実際に人口が減りはじめると、後述するように、出生数の増加策や移民の受け入れ策など、人口回復策が相次いで実施されることになり、多少の増加は可能でしょう。とはいえ、現在計画されている程度の政策では、すべてがうまくいったとしても、二〇五〇年までに一割程度回復できれば〝御《おん》の字〟というところです。

そうなると、二一世紀、少なくとも二一世紀前半の日本は間違いなく人口減少社会となります。これに伴って、日本社会のしくみも、一九～二〇世紀のような右肩上がりから、右肩下がりへ移行していくことになります。

「少子・高齢化」でなく「少産・多死化」

人口減少の原因はどこにあるのでしょうか。高名な人口学者は「少子化のためだ」と主張し、新聞やテレビも「少子・高齢化のためだ」ときめつけています。が、いずれも現実を見誤った見解にすぎません。

人口の増減は、海外からの転出入がない限り、出生数と死亡数で決まります。出生数が死亡数より多ければ増え、少なければ減ります。「はじめに」で述べたように、少子化でいくら出生数が減ってもベビーはゼロになりません。なにがしかが生まれる以上、人口は前年より増えます。他方、高齢化で寿命が延びれば、死亡者は確実に減っていきますから、前年より減少分は減るはずです。

少子化でも出生数が存続し、高齢化で死亡数が減っていくとすれば、出生数と死亡数の差はプラスになる可能性があります。つまり、少子・高齢化だけで人口が減るとは限りません。増えることさえあります。「詭弁《きべん》だ」といわれそうですが、物事を正確に表現すれば、「少子・高齢化で人口が減る」とはいえないのです。

では、なぜ人口が減るのでしょう。それは図表1―2に示したように、二〇〇五年に死亡数が出生数を追い越したからです。生まれてくる人の数より死ぬ人の数が多くなる。そうなれば当然、人口は減っていきます。

出生数が減ることを、人口学の「人口転換」論では「少産」と表現しています。社会の進歩発展に伴って、人口動態は「多産多死」（高出生・高死亡）から「多産少死」（高出生・低死亡）へ、さらに「少産少死」（低出生・低死亡）に至るというものです。ここでいう「少産」という言葉には、出産数そのものの減少が意味されています。

図表1－2　出生数・死亡数の推移と予測

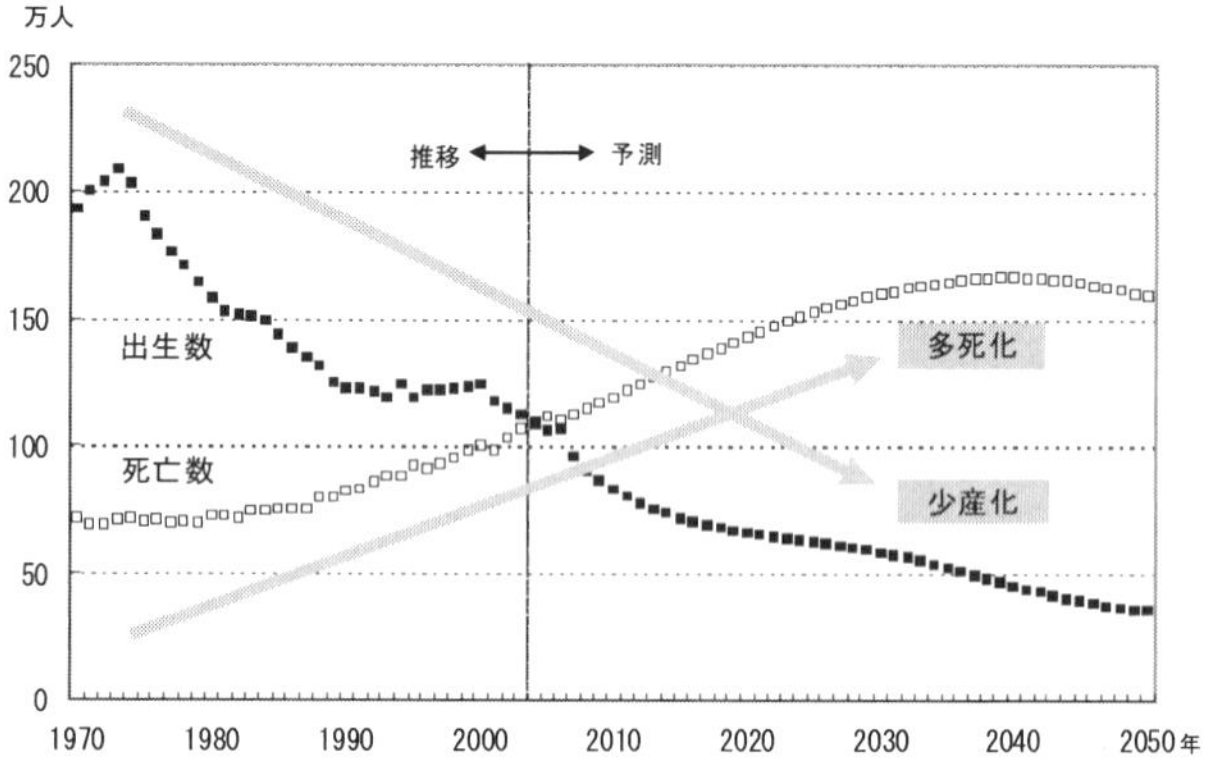

データ出所:国立社会保障・人口問題研究所 2006 年推計低位値

この言葉に「化」をつけて「少産化」とすると、それが進む背景としては、①出産適齢期にある女性人口が減ってきた、②晩婚や非婚を選ぶ人たちが増えてきた、③結婚しても子どもを作らない夫婦が増えてきた、などが考えられます。さらにその背景として、結婚・出産適齢期の人たちの間では、結婚したり子どもを作ることより、自分の好みの生き方や暮らしを優先するという選択が増えていることがあげられます。なぜそうなるのか、それについてはⅦで詳しく述べます。

一方、死亡数が増えることも、人口転換論では「多死」と表現しています。この言葉を引き継いで「多死化」という言葉を使うと、その要因としては過去五〇年間、平均して三年に一歳ずつ延びてきた平均寿命がそろそろ限界に近づいたという事情があります。マスメディアなどではまだまだ延びると書いていますが、実際のところ、一歳延びるのに、今後一〇年間では五年、その後の一〇年間では九年もかかる、という段階に入っています。こうなると、すでに高年齢層の人口が増えはじめていますから、死亡数も当然急増します。いわば、「高齢化がはじけて多死化」となるのです。

平均寿命が限界化したのは、現代の栄養水準や医療水準をもってしても、これ以上大幅な延命が不可能になってきたからです。栄養水準でいえば、昨今の豊かすぎる食生活は逆に寿命を縮めています。医療水準でいえば、人工臓器や延命装置などを使用すれば、確かに一〇〇歳以上にまで寿命を延ばせるでしょう。だが、そのためには膨大なコストがかかりますから、一部の高額所得者はともかく、国民全体の寿命を延ばすまでには至りません。つまり、現代医学の最先端をもってしても、平均寿命を大幅に延ばすのはもはや無理な状況に入ってきました。

このように少産化の背景には、年齢構成の変化や国民一人ひとりの生活意識の変化といった事情があり、また多死化の背景には、近代的な生活様式や現代医学の限界があります。要するに人口が減るのは、出生数が減って死亡数が増加する「少産・多死化」のためであり、「少子・高齢化」のためではありません。これが人口の減る直接的な理由です。

現実を直視すれば、こんなことはすぐわかることです。にもかかわらず、マスメディアの多くが「少子・高齢化が人口減少の原因」などといっているのはまったく不可解なことです。まして人口学者といわれる人たちが、同様の発言を繰り返すのは怠慢以外のなにものでもありません。

それゆえ、筆者は「人口減少の直接の理由は、少子・高齢化ではなく少産・多死化だ」という主張を過去数年間、ほとんど一人で続けてきました。最近になって、ようやくマスメディアの中にも「少産・多死化で人口が減る」という表現が増えはじめています。まことに喜ばしい限りです。

「少子・高齢化」という幻想

「少子・高齢化」をなぜ目の敵《かたき》にするのか、といえば、この言葉には過去の価値観で現在の社会を誘導しようとする、卑劣ともいうべき意図が隠されているからです。

「少子・高齢化」のうち、「少子化」は旧・経済企画庁が一九九二年の『国民生活白書』で初めて使った言葉であり、また「高齢化」は一九五六年、国際連合の報告書が六五歳以上を高齢者と定義し、当時の欧米先進国の比率を基準に総人口の七％以上を「高齢化した」人口とよんだことに由来します。それゆえ、二つの言葉はともに正確な定義を示しているというより、前者は一九九〇年代の、後者は一九五〇年代の、それぞれの時代的価値観を濃厚に反映しているものです。ところが、九五年ころから政府が二つの言葉を対句にして「少子・高齢化」といいはじめると、ほとんどのマスメディアが何の疑いもなく追随したため、もはや動かしがたい現実のように世の中を呪縛《じゅばく》してしまいました。

これは大変危険なことです。この言葉は二つの意味で大変不正確な表現であるばかりか、現実を糊塗《こと》する危険性を秘めています。一つは、すでに述べたように「人口減少」の原因ではない、ということです。もう一つは、「少子化」と「高齢化」という言葉の意味が不明確、あるいは不安定なことです。

つまり、「少子化」という言葉には、出生児数が減るという意味と、一四歳以下の人口が減るという意味の、二つが混在しています。そのうえ、前提になっている一四歳という基準も時代とともに変わっていきます。また「高齢化」の方も六五歳以上という尺度自体が五〇年も前の、それも先進国だけを基準にしたもので、その後の社会変化に必ずしも見合っているとはいえません。

二つの定義の前提となっている、厚生労働省の人口統計では、〇〜一四歳を「年少人口」、六五歳以上を「老年人口」と定めています。が、この定義も今から四十数年も前、一九六〇年にWHO（世界保健機関）の提案を受け入れたものですから、かなり古びています。いいかえれば、四十数年前の尺度を無理やり現代社会に当てはめて、その変化を説明しようとしている、ということです。これはもう無茶としかいいようがありません。

もし子どもと老人の定義を変えれば、「少子・高齢化」という事象はどうにでも変わります。その意味で、「少子・高齢化」という言葉は実に不安定です。これらに代えて「少産・多死化」とか「少産・長寿化」という言葉を使えば、事実そのものにもっとよりそいますから、定義によって事象が変わるということはまず起こりません。

以下では、定義を少し変えるだけで、「少子化」や「高齢化」がどこまで変わってしまうか、ざっと眺めてみましょう。

子どもは増えていく！

まず「少子化」の前提になっている「子ども」の定義を考えてみましょう。これまでの人口統計では、〇～一四歳を「年少人口」、一五歳から上を「生産年齢人口」とよんでいますから、子どもとは一四歳以下ということになります。

この定義を受け入れた一九六〇年ころには、高校への進学率は五八％、大学などへの進学率は一〇％程度で、一五歳になるとほとんどの若者が就業していましたから、それなりに妥当性がありました。だが、近頃の若者をみると、生産年齢の入り口の一五歳で社会に出ていく者はほとんどいません。進学率が高校で九七％、大学等で五〇％を超えていますから、一八～二〇歳ころまでは働いていません。高校や大学を卒業したとしても、大学院生やフリーター、あるいはニート（NEET＝Not in Education, Employment or Training＝就学も就業も職業訓練もしていない若者）になって、両親にパラサイト（寄生）しているケースも増えていますから、実質的には非生産者です。

意識のうえでも、二〇〇八年に新成人となった若者の七六％が、自らを「大人とは思っていない」と答えています。男性では七〇％、女性では八二％に達しており、この傾向は過去五年間ほとんど変わっていません（㈱オーネットの調査、対象者八〇〇名）。

こうした現実がある以上、子どもの定義となる年齢はもっと上げなくてはなりません。平均寿命が八〇歳以上に延びたうえ、社会構造も複雑化していますから、それに対応して子ども時代も長くなっている、と考えるべきです。自活しているかどうかを基準にすれば、少なくとも二四歳くらいまでは非生産者であり、実質的には子どもです。

そこで、二四歳までを子どもと定義し直してはどうでしょうか。もっとも、一度に上げると混乱しますから、二〇一〇年から二年ごとに一歳ずつ上げていく。そうすると、図表1―3に示したように、二〇三〇年の二四歳以下は一七九八万人となります。この数は二〇一〇年の一四歳以下一六一三万人より、実に一八五万人も多いのです。つまり、定義年齢をちょっと上げれば、子どもの数はなおも増えていきます。

勿論、これには異論もあるでしょう。凶悪犯罪の増加で刑事罰の適用年齢をもっと下げようと

図表1－3　子どもは増えていく!

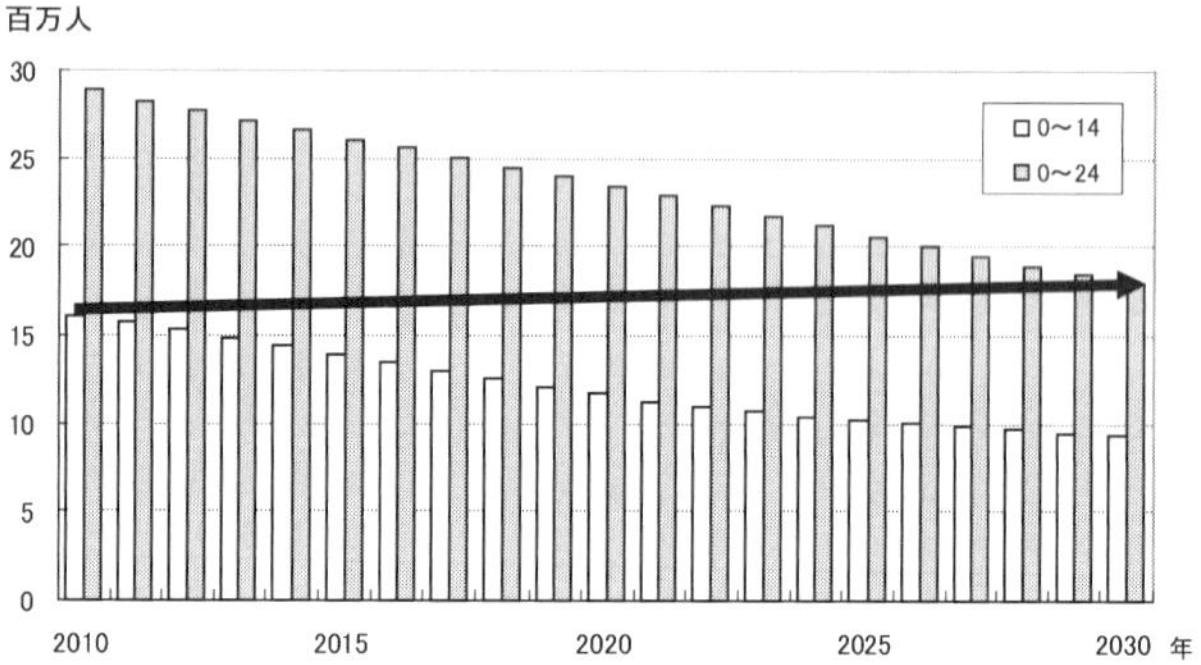

データ出所:国立社会保障・人口問題研究所 2006 年推計低位値

か、それに応じて選挙権も一八歳に下げよという意見があります。もっともなことだと思いますが、それは各々の目的に応じて決めればいいことで、すべてを一律に決めなくてはいけないというものではない。ただ「大人」とよばれるためには、少なくとも自活していることが条件になってくる、といいたいのです。

「少子化」でなく「増子化」

それだけではありません。質的にみると、子どもの数はもっと増えています。近頃の大人たちは、三〇～四〇代になっても「子ども」的意識を持ち続けています。

通勤電車ではコミック誌を手放しませんし、自室に帰ればアニメやゲームに熱中しています。二〇～三〇代の男性たちも「Ｗｉｉ」や「プレステ3」を我先に購入していますし、同年代の女性たちは少女コミックの衣装を真似た「ゴス・ロリ（ゴシック・ロリータ）」ファッションを流行させています。四〇歳を超えてもなお、「チョコエッグ」の食玩からガンダムや鉄人二八号のフィギュアまで、子ども向けの商品を奪い合っています。これはもう、子ども的感性を持った成人、〝アダルト〟ならぬ〝コダルト〟層が増えているということです。

結局、量的にみても質的にみても、子どもの数は増えています。「少子化」ではなく「増子化」が起こっているのです。人生六〇～七〇年時代には子ども時代が一五歳未満だったとしたら、人生八〇～九〇年時代には少なくとも二〇歳未満、実質的には二五歳くらいにまで上がります。さらに昨今の社会には知識やノウハウがおびただしく蓄積されていますから、一人前の大人になるには、それだけ多くの時間が必要です。

そうである以上、少なくとも二四歳くらいまでは年少者、つまり子どもとみなして、勉強や社会的トレーニングに励む時間を与えるべきでしょう。

老人は減っていく！

同じように「高齢化」の前提になっている「老年人口」の定義も疑うべきです。六五歳以上を「老年」とした一九六〇年代には、平均寿命が七〇歳前後でしたから、六五歳以上をそうよんでも、それなりに頷けました。

だが、二〇〇六年に、平均寿命は女性八五・八歳、男性七九・〇歳となりました。平均寿命は〇歳児の平均余命ですから、六五歳まで生き抜いた人の寿命は女性九〇歳、男性八四歳で、平均八五歳を超えています。にもかかわらず、六五歳で「老年」とよばれては、残りの人生が二〇年以上になりますから、本人もとまどい、社会も困惑します。

実際、現在の六五〜七四歳は体力、気力もかなり充実し、仕事や貯金で経済力も維持しています。もはやこの年齢の人々を「老年者」とか「高齢者」とよぶのは間違いでしょう。六〇年代に平均寿命が七〇歳前後の時、上の方の約一割分の六五歳以上を老年者としたのですから、寿命が八五歳前後になった今では、やはり上の方の約一割分の七五歳以上に上げるべきです。人生が長くなった分、老年者になる年齢も遅くなるのは当然です。

これもまた、一度に上げるのは無理かもしれません。とすれば、二年とか三年ごとに一歳ずつ上げていく。もし二〇一〇年から二年に一歳ずつ上げていけば、図表1―4に示したように、二〇三〇年前後の七五歳以上は二二六六万人で、二〇一〇年の六五歳以上二九四一万人より六七五万人も減ります。つまり、老人の数は減っていくのです。

「高齢化」でなく「超中年化」

図表1－4　老人は減っていく!

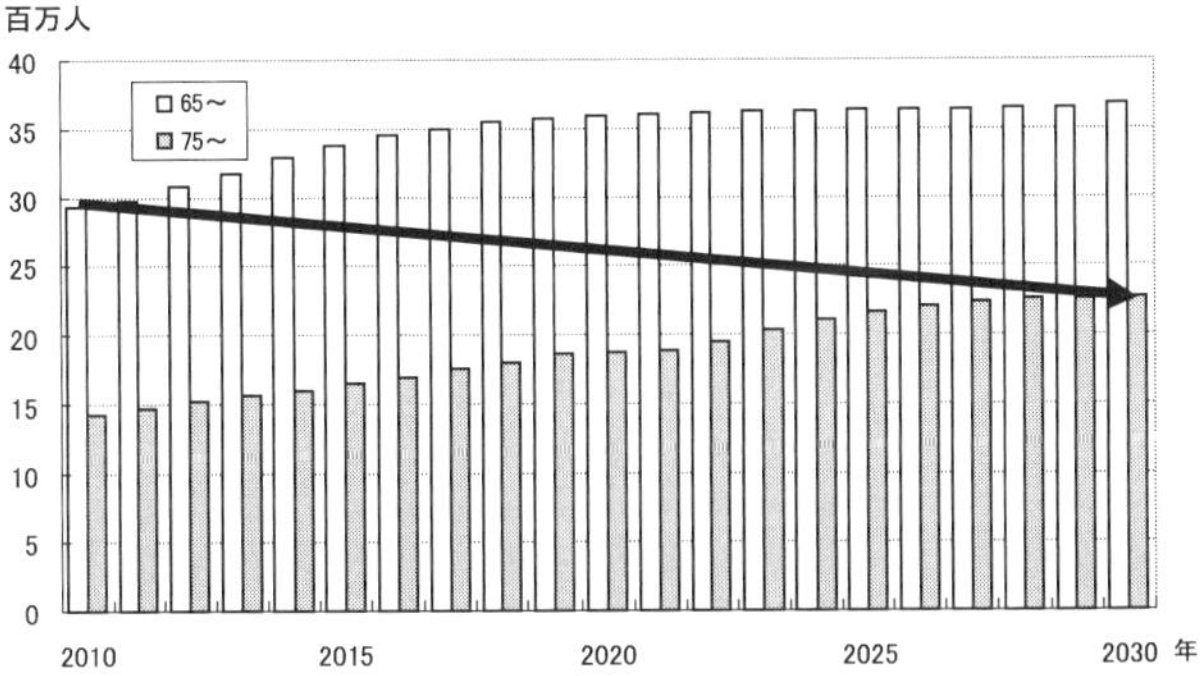

データ出所：国立社会保障・人口問題研究所 2006 年推計低位値

年少者や老年者の定義年齢を上に上げていくと、人口構成に占める各年代の役割が変わってきます。図表1－5は、総人口に占める各年代の構成比を、二〇一〇年から二〇三〇年まで描いたものです。この図表の一番下には、家族や社会を最も扶養する二五～六四歳が位置し、逆に一番上には扶養される〇～二四歳が、その下には同様に扶養される七五歳以上の年代が乗っています。そして両者の間に六五～七四歳の人々が挟まっています。

この図表で、二五～六四歳は当然、生産年齢人口ですが、その上の六五～七四歳はこれまで述べてきたように、今後二〇年間に二年に一歳ずつ老年人口ではなくなって、徐々に生産年齢人口に組み込まれていきます。

とすれば、矢印線で示したように、新しい

図表1－5　扶養者比率は増える!

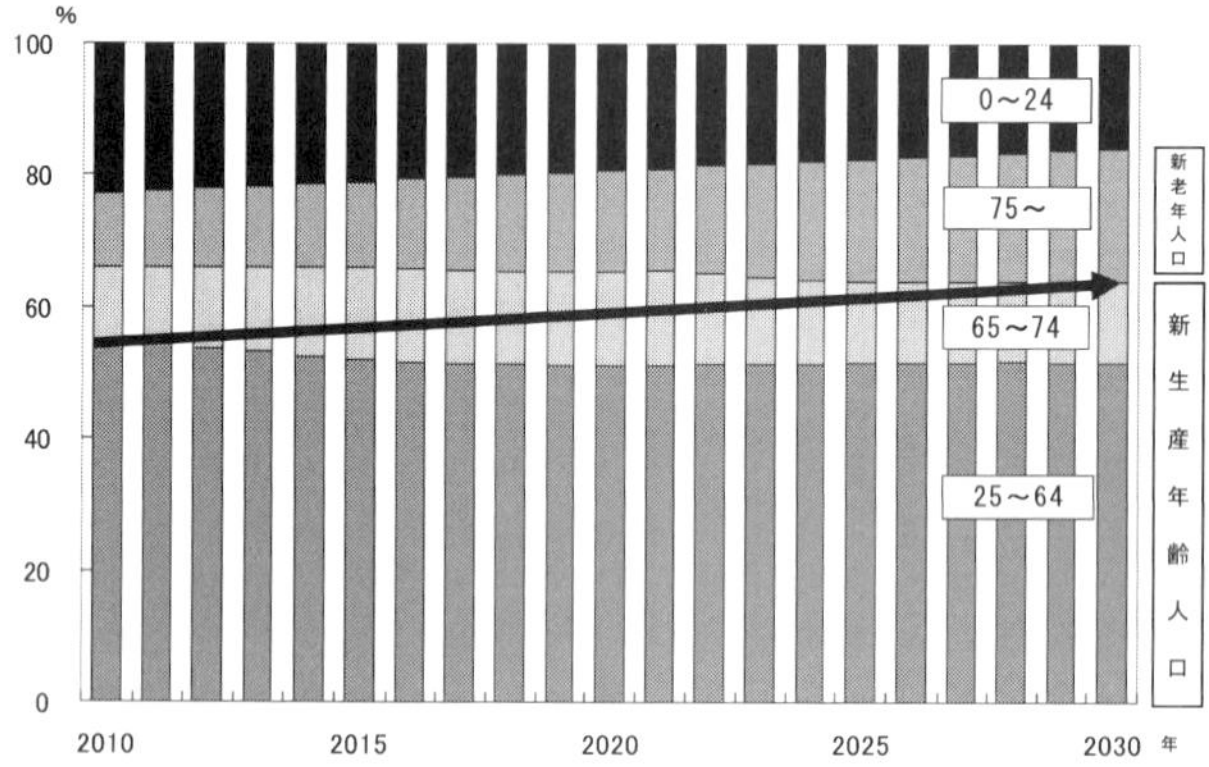

データ出所:国立社会保障・人口問題研究所 2006 年推計低位値

「生産年齢人口」の構成比は、二〇一〇年の五四・〇%（二五～六四歳）から次第に上昇して、三〇年には六三・九%（二五～七四歳）へ約一〇ポイントも上がります。家族や社会を維持する比率は、次第に増えていくのです。

他方、新しい意味での「老年人口」は二三・二%（六五歳以上）から二〇・一%（七五歳以上）へ約三ポイント落ちます。こうなると、老年人口を生産年齢人口で支える比率は、二〇一〇年の四二・九%から三〇年の三一・五%へ下がります。一人の老人を養う生産者の数は、二〇一〇年の二・三人から三〇年の三・二人へ、むしろ楽になっていくのです。

これなら社会保障についても、若い世代の負担はむしろ軽くなります。年金問題の破綻などどこ吹く風です。そんなことよりも、七四歳までの人々の雇用機会や社会活動の場をいかに創りだすかということが、より切実な課題になってきます。

要するに、今進みつつあるのは「高齢化」ではなく、むしろ「中年の上方拡大」です。人生八五歳時代には、老年者になるのがずっと遅くなりますから、七四歳くらいまでは当然、中年なのです。とすれば、私たち一人ひとりがその年齢まで、一人前の現役として何らかの生産活動に関わることが必要です。体力と気力と健康を維持し、社会から求められる能力を絶えず更新していかなくてはなりません。それができさえすれば、今後の六五〜七四歳は「新中年」あるいは「超中年」とよばれるようになるでしょう。

このように考えると、今後進んでいくのは「少子・高齢化」ではなく「増子・中年化」です。長寿化が進むことで、図表1―6に示したように、人生のスタイルが「人生七〇年型」から「人生八五年型」へ移行していく以上、「子ども」の定義も「老人」の定義も、ともに変えていかなければなりません。「少子・高齢化」などという、六〇年代の価値観をひきずる言葉は、お役所やマスメディアに任せておいて、私たちはむしろ「増子・中年化」ととらえ直し、現実の変化に敏感に対応していくことが必要でしょう。

図表1－6　1960年尺度から21世紀尺度へ

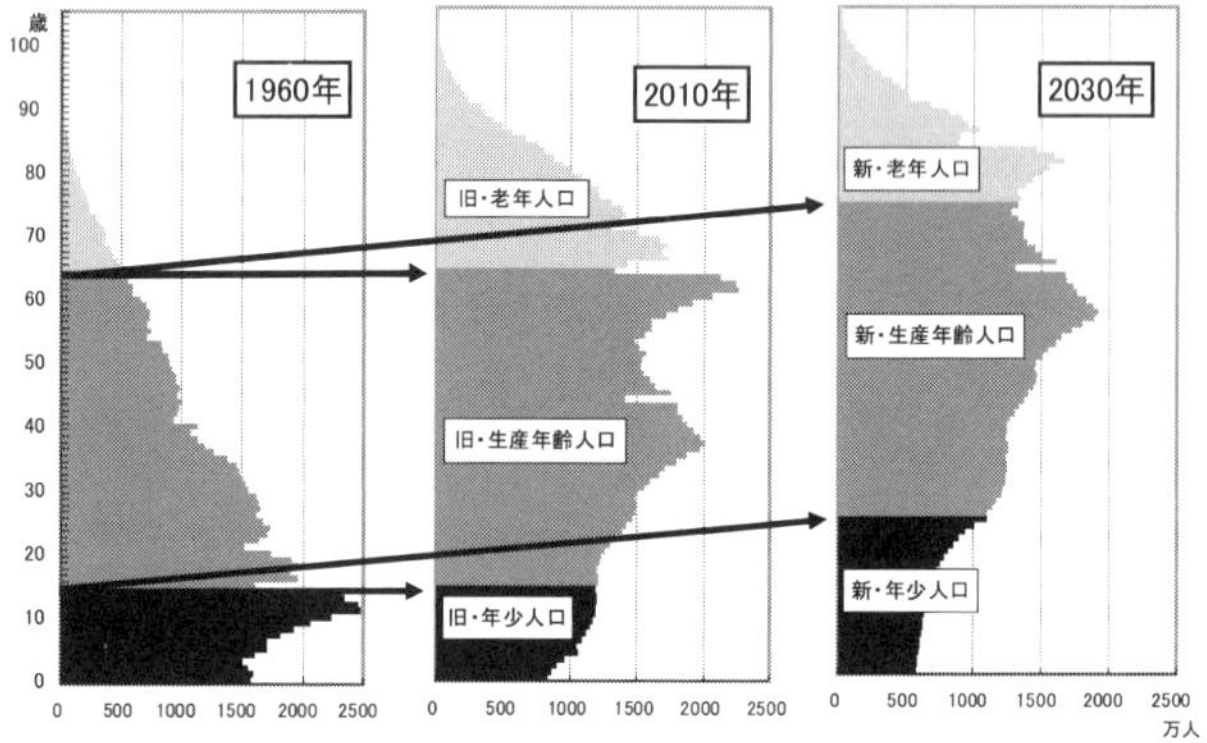

データ出所:国勢調査、国立社会保障・人口問題研究所 2006 年推計低位値

言葉が現実を作る

このような提案をすると、必ず「詭弁だ」とか「レトリックにすぎない」という非難が聞こえてきます。だが、決してそうではありません。現実の社会を計るには、一九六〇年ころの物差しよりも二一世紀にふさわしい物差しを使うべきだ、といっているのです。四十数年前の尺度で二〇一〇年の人口構成を議論するのがどだい無理な話です。変わりゆく現実をつかむには、物差しの方も常に適切なものに変えていかねばならないと思います。

もっと本質的にいえば、社会的な現実というものは「言葉によってとらえられる」ものではなく、「言葉によって作られるもの」といいたいのです。事前に現実が存在して、それを言葉でつかむのではなく、言葉が切り取ったものが現実になる、ということです。

「何を馬鹿な！」とまたまたいわれそうですが、現代言語学の父Ｆ・ド・ソシュールの「言語」観によれば、これはごく当然の表現です。彼の最も革命的な業績は、「言葉とは事物の代行指標である」という考え方を否定し、「言葉は事物の代行指標ではない」という思想を打ち立てたことです（『一般言語学講義』）。比喩的ないい方をすれば、「言語記号は、既成の概念や事物にラベルを貼るのではなく、言語記号がラベルとして貼りつけられることで、初めて概念や事物が生まれる」といえるでしょう。

犬という小動物と猫という小動物が、最初からこの世に存在しているのではありません。私たち一人ひとりが、「イヌ」という音声と「ネコ」という音声で、小動物の世界を区分けできると知った時、初めて犬と猫が立ち現れるのです。どうしてそうなるのかといえば、私たちの周囲の世界は、言葉を知る以前から厳然と区分され分類されているのではなく、覚えた言葉によって初めて区分され、かつ理解されるものとなるからです。

こうした考え方には反発される方も多いでしょう。だが、これはソシュール言語学はもとより、古代インドの唯識《ゆいしき》論から現代ヨーロッパの現象学まで、多くの哲学が共通して認めてきた立場です。私たちの意識や言語のなりたちを真剣に考えようとする人なら、容易に理解できることだと思います。

この本で「少子・高齢化」という言葉をとりあげ、激しく非難してきた真意はここにあります。少子・高齢化という現実が予《あらかじ》め存在したのではなく、「少子・高齢化」という言葉によってそうした現実が故意に作られた、ということです。とすれば、そんな現実に思い悩むことはない。新たな言葉によって、現実を作り変えていけばいいのです。

いいかえれば、子どもや老人の定義は、慣習や法制などの産物であり、時代や民族によって変わっていくものです。平均寿命がより短かった原始社会や中世・近世では、子どもの上限や老人の下限はより低かったと思われます。実際、戦時中の国家総動員法の下では一二歳未満が子どもであり、一九六〇年の国勢調査までは六〇歳以上が老年者でした。途上国では未だに同じような定義が使われているところもあります。つまり、子どもや老人の存在そのものが慣習や法制の産物であり、広義の「文化」に依存しているといえるでしょう。そうした意味でも、人口問題とはすぐれて文化の問題なのです。

以下の各章では、こうした視点に立って、二一世紀の日本と世界を見直していきます。

II　動物はなぜ増えすぎないか

キャリング・キャパシティー

人口減少の要因は「少産・多死化である」と前章で述べてきました。が、それに留《とど》まるものではありません。もう少し視野を広げ、さまざまな動物の世界を眺めてみると、一定の空間の中の個体数は決して増えすぎることはなく、ある数で抑えられている、という現象が知られています。個体数というのは動物の数、つまり動物の人口のことですが、人間もまた動物ですから、同じようなことが起こっているのではないでしょうか。

個体数の上限のことを、生物学や生態学では「キャリング・キャパシティー（Carrying Capacity）」とよんでいます。「一定の環境の中に一種類の生物がどれだけ生息できるか」を意味しており、「環境収容力」とか「環境許容量」と訳されています。このキャリング・キャパシティーが上限に近づくと、多くの動物たちは何らかの方法で個体数を抑える動きをはじめるようです。

実際、生物学や生態学の現場からは、これを裏付ける観察結果が数多く報告されています。生息密度が上がってくると、原生動物から哺乳類までさまざまな動物は、生殖抑制、子殺し、共食い、集団離脱などで、それぞれ個体数を抑える行動をはじめ、キャパシティーに確かな余裕が出てくるまで続ける、というのです。

そこで、生物学では、キャリング・キャパシティーと個体数の関係を説明する、最もポピュラーな理論として「ロジスティック曲線」を提案しています。

ロジスティック曲線

一九二〇年、アメリカのジョンズ・ホプキンス大学で、生物学教授のR・パールとL・リードが一つの実験を行ないました。

温度や湿度など環境条件を一定に保った箱の中に、半パイント（約二五〇cc）の牛乳ビンをおき、バナナの磨《す》り潰《つぶ》したものを寒天で固めて入れ、一定の時間ごとに同じ量を補給する。このビンの中へ、羽化したての雌雄一対のキイロショウジョウバエを入れ、一定の時間ごとにその繁殖数を計測する。すると、ハエの数は緩やかに増えはじめ、続いて急増に移り、しばらくの間は増え続けるが、一カ月もすると増加速度を緩め、ついには増減なしの状態に至る。……

こうした実験を何度も繰り返した結果、二人は増加の軌跡が図表2―1のS字型の曲線になる

図表2－1　ロジスティック曲線と修正曲線

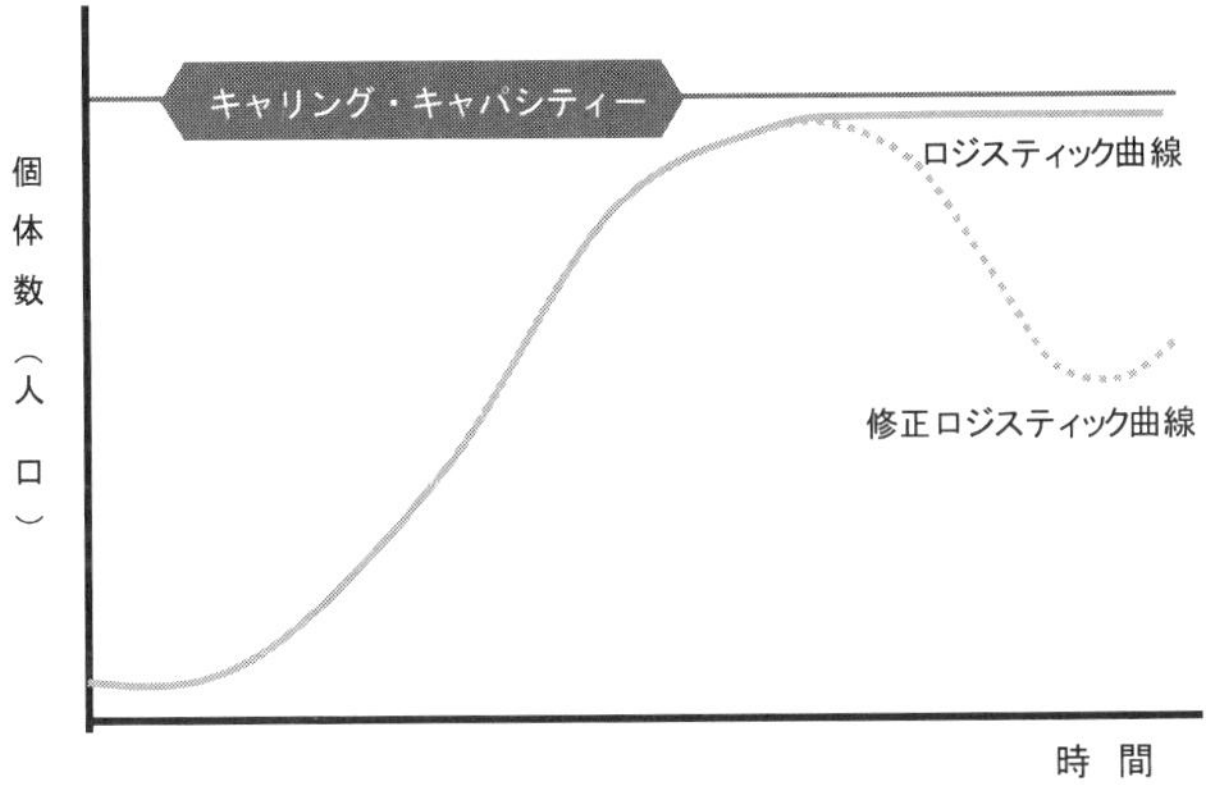

ことを確認しました。

この実験で確かめられたのは、一定の環境、つまりキャリング・キャパシティーの中のハエの個体数は、キャパシティーの制約が強まるにつれて自ら増殖を抑え、やがて増減なしの状態に至る、ということです。なぜそうなるかといえば、キャパシティーに余裕のある時、つまり個体数の少ない時には産卵数が増えるとともに死亡数も低くなり、逆にキャパシティーに余裕がなくなった時、つまり個体数が多くなった時には産卵数が減るとともに死亡数も高くなる、という効果が発生するからです。

パールはこの要因について、マメゾウムシを使った実験で、より詳細に追認していきます。それにより、一定の空間内で生息密度が高まると、食糧不足や環境悪化に、高密度によるストレス上昇も加わって、多くの動物は一方では産卵数を落とし、他方では死亡数を上げていくことがわかりました（*The Biology of Population Growth*）。こうした現象は、現代の生物学が「密度効果」または「群集効果」と呼んでいるものです。

パールとリードは、この曲線をベルギーの数学者P・フェルフルストにならって「ロジスティック曲線」と名づけ、すべての動物の個体数に共通する基本的な法則だと結論づけました。そして、人間もまた動物の一種である以上、この法則に従うものだと考えて、アメリカとフランスの人口推移にこの曲線を当てはめ、その正当性を実証したのです。二人の努力によって、ロジスティック曲線は二〇世紀の人口学を代表する理論となり、その後さまざまな人口予測に応用されるようになっています。

修正ロジスティック曲線

もっとも、実際に動物の個体数を観察していますと、必ずしもロジスティック曲線通りに進まない場合があります。パールとリードの実験の後、何人かの生物学者がさまざまな動物の観察に関わるようになりましたが、その中にはロジスティック曲線から外れるケースがいくつか報告されています。代表的な事例をあげてみましょう。

図表2－2　ヒラタコクヌストモドキの個体数変化

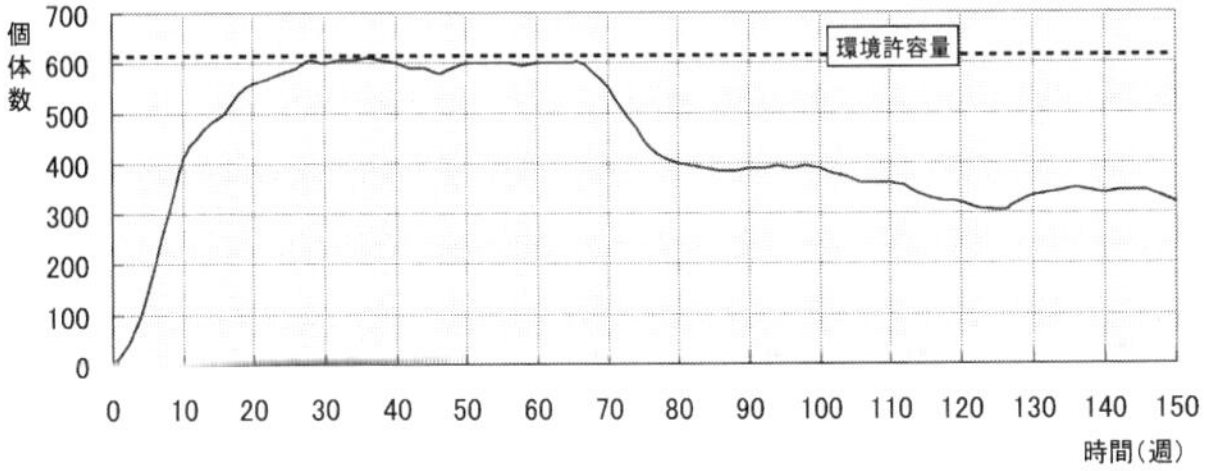

データ出所：高橋史樹著『個体群と環境』に基づき筆者作図

①ゾウリムシ…原生動物のゾウリムシを一定の容器の中で飼育すると、その個体数は分裂増殖によって増えはじめ、初めのうちロジスティック曲線をたどっていくが、次第に水平状態となり、しばらくその状態を続けるものの、その後は減少していく（日高敏隆『動物にとって社会とは何か』）。

②ヒラタコクヌストモドキ…貯蔵穀物害虫のヒラタコクヌストモドキを小容器の中で生育させると、図表2－2のように、二〇週まではロジスティック曲線をたどって増加した後、三〇～六〇週は横ばいを続けるが、その後は減少していく（高橋史樹『個体群と環境』）。

③トナカイ…哺乳類のトナカイを、競争者である鹿も捕食者もいない無人島に放ってお

図表2－3　修正ロジスティック曲線の論理

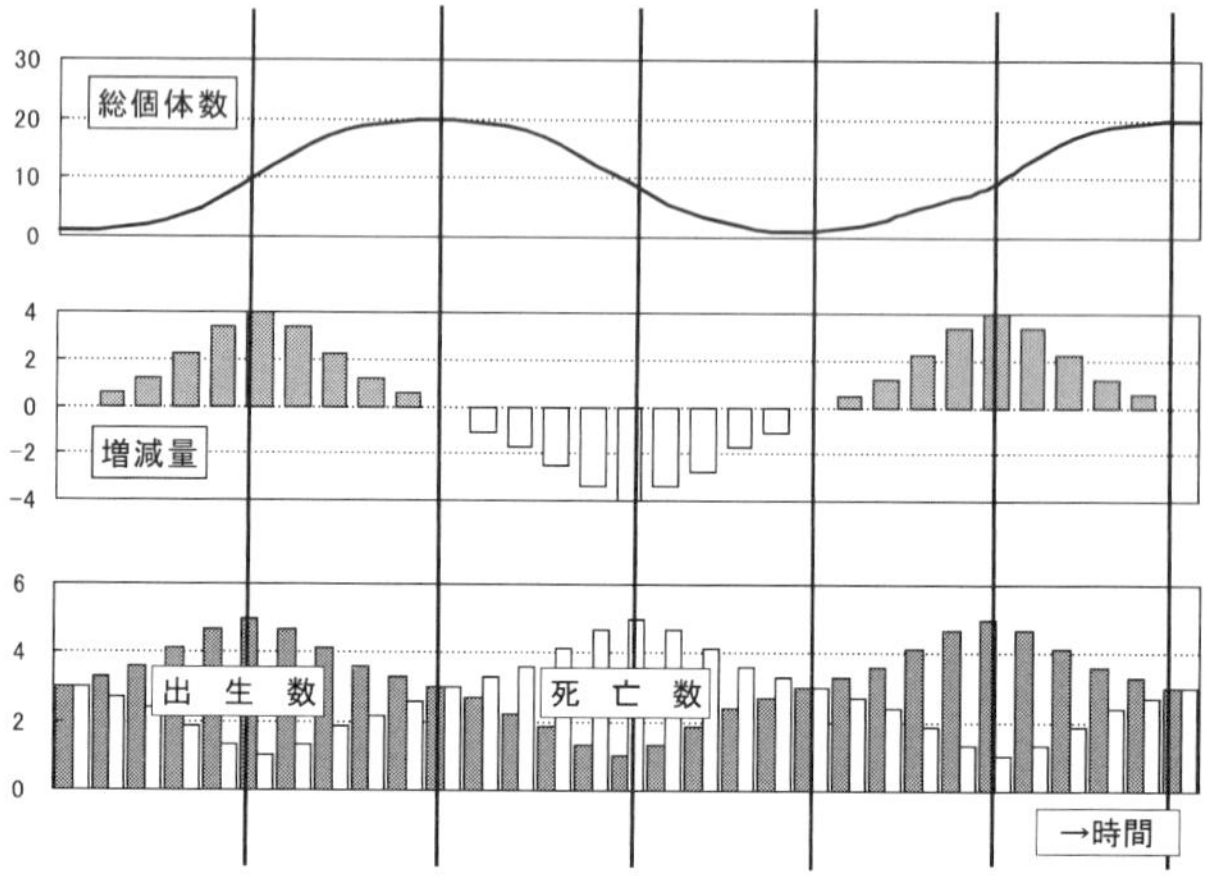

くと、個体数はロジスティック曲線に沿って増加していくが、一旦ピークに達すると、その後は急減していく（V.B. Scheffer, *The rise and fall of a reindeer herd*）。

このように、いくつかの動物の個体数変化をみると、上昇から停滞までは確かにロジスティック曲線をたどりますが、上限へ達した後も定常的な直線を持続するのはごく短期間で、その後は図表2－1の点線のように、むしろ下降していくケースが多いようです。

なぜでしょうか。その理由を筆者は図表2－3のように考えています。つまり、動物の数が少ない時には、出生数が増えて死亡数も低いのですが、数が増えて生息密度が高まると、出生数が落ちて死亡数も上がってきます。ここまではすでに述べた通りですが、その後が違います。二つの傾向が一旦はじまってしまうと、両者が同じ数になってもその数をバランスよく保ちつづけることはまず稀で、出生数は落ち続け、死亡数は増え続けます。その結果、死亡数はしばしば出生数を追い越して、そのまま個体数を減少させます。つまり、ロジスティック曲線は定常状態を破り、その後は下降していくのです。

こうした推移は、自然界の一つの原理を示しています。つまり、動物の個体数では「サステナビリティー（持続可能性）」とか「静止人口（増減のない人口）」といった推移はかなり稀な現象である、ということです。近ごろでは環境学者の多くが「サステナビリティー」を、また人口学者の一部が「静止人口」を、それぞれ理想的な社会目標だと論じていますが、これらの概念はあくまでも人間の理想、あるいは幻想にすぎません。

そこで、筆者は下降していく曲線を改めて「修正ロジスティック曲線」と名づけ、ロジスティック曲線に代わる、一般的な人口法則と考えています。

動物界の個体数抑制行動

修正ロジスティック曲線は、動物界にどこまで当てはまるのでしょうか。一般に動物の個体数は絶えず増加する傾向を持っており、キャリング・キャパシティーに余裕がある時には、ロジスティック曲線をたどって増加しますが、余裕がなくなると、修正ロジスティック曲線に沿って停滞から減少へ向かいます。個体数がキャパシティーの上限に近づくと、さまざまな抑制行動を開始して、自ら増加を抑えるようになるからです。

実際、生物学や個体群生態学の調査・研究では、なんらかの理由で生息環境が飽和した時の個体数抑制行動を、昆虫、魚類、鳥類、哺乳類などの調査を通じ、さまざまな形で把握しています。先学諸兄の研究成果に感謝しつつ、それらの中から代表的なものをあげてみましょう。

昆虫

●コクゾウムシ…米や麦につくコクゾウムシは、個体数が少ない時にはさかんに交尾するが、成虫の数が小麦一粒あたり一〇匹に近づくと急に交尾頻度を落とす。小麦一粒あたりの生息密度が制約となって生殖行為が抑えられ、個体数が調節されている（日高・前掲書）。

●ヒラタコクヌストモドキ…先にあげた貯蔵穀物害虫のヒラタコクヌストモドキは、生育密度が高まるにつれ、成虫、卵、蛹《さなぎ》に対する共食いが増加して、発育途上の死亡率を上昇させ、生育環境の悪化を事前に解消している（高橋・前掲書）。

●シオカラトンボ…シオカラトンボのオスは、池などの水面になわばりを張り、他のオスが入ってくると追い払うが、メスが入ってくると交尾してその中で産卵させる。メスの産卵に適した場所は、一定の生息空間の中では限られているから、なわばりの防衛に成功したオスだけが子を増やせ、失敗したオスは子を増やせない。一定の地域内でのトンボの個体数は、このしくみにより抑えられている（日本生態学会編『生態学入門』）。

●トノサマバッタ…草地に生息するトノサマバッタは、幼虫時代の接触密度が低いと、緑色や茶褐色で翅《はね》も肢も短い「孤独相」という成虫になるが、接触密度が高いと、色が黒く翅も肢も長い「群集相」という成虫に変わり、外部の情報や刺激に敏感に反応するようになる。その結果、群集相は群れをなして生息地から飛び立ち、大空一杯に広がって、数百キロの間、田畑を食い荒らしていく（日高・前掲書）。

魚類

●グッピー…鑑賞用の熱帯魚グッピーを、餌を充分に入れた養魚鉢の中に雌雄とりまぜて五〇匹入れておくと、卵が孵化《ふか》する度に成魚が直ちに稚魚をすべて食べて、個体数の増加を抑える。さらに成魚同士が共食いをはじめ、九匹になったところで個体数が安定する。生息密度の上限を超えはじめた数を、グッピーは子殺しや共食いで抑えている（V.C.Wynne-Edward, *Animal Dispersion in Relation to Social Behavior*）。

●ワカサギ…長野県諏訪湖のワカサギの体重は、多く生まれた時には軽くなり、少なく生まれた時には重くなる。メス一匹あたりの産卵数は体の大きさに比例するから、親が小型化すると産卵数も減少する。湖の生息環境は一定であり、数が増えると、一匹あたりの餌の分け前は少なくなる。そこで、体型の変化によって産卵数を増減し、長期的に個体数を抑えている（宮下和喜『絶滅の生態学』）。

●マジロモンガラ…珊瑚礁《さんごしょう》に生息するマジロモンガラは、一匹のオスが大きななわばりを作って、その中に複数のメスの小さななわばりを入れる。オスは他のオスに対しては大なわばりを防衛し、またメスたちはそれぞれの小なわばりを防衛する。一つの珊瑚礁に作られるなわばりの数は限られているから、そこに入れなかったメスは産卵できない。その結果、珊瑚礁内での個体数は抑えられている（日本生態学会編・前掲書）。

鳥類

●カンムリクマタカ…鷲《わし》の一種であるカンムリクマタカの番《つが》いは、数日の間に続けて二つの卵を産む。その順序で雛《ひな》がかえると、最初の雛は次の雛を攻撃して数日の間続けるが、親鳥は決して干渉しない。その結果、次の雛は常に殺され、一匹だけが生き残る。猿などの中型哺乳類を主食とする親鳥が、二つめの卵を産むのは、一つめが壊れた時の予備的行動であるが、食糧が希薄な環境の下では、メスが幼い雛を育てている間、オスは一羽だけで食糧を探さなければならず、三羽分の獲得が供給限界となる。そこで、一羽の雛を殺すことによって、三羽が生き延びる（G・ブロイアー『社会生物学論争』）。

●コクルマガラス…一群の数が数十羽にもなるコクルマガラスは、それぞれの順位を認識しており、餌を食べている時、自分より順位の高い個体が肩をいからせて近づいてくると、おとなしく餌場を空けわたす。また順位の高いオスは順位の低いメスと番いになれるが、逆はありえないため、成鳥になりたての若いオスは、生殖にあずかるチャンスがほとんどない。一定の生息環境の下でのカラスは、食糧分配と生殖機会の制約という二重のしくみで個体数を抑えている（K・ローレンツ『ソロモンの指輪』）。

●シロフクロウ…ツンドラ地帯に生息するシロフクロウは、主食であるタビネズミが減少する四年ごとに、南部へ向かって集団で移動する。移動のきっかけは、食糧が漸減するにつれて奪い合いが生じ、各個体がストレスを感じるようになった時である。このストレスが群れ全体に広がると、競うように移動をはじめる（伊藤嘉昭・桐谷圭治『動物の数は何で決まるか』）。

哺乳類

●ハツカネズミ…飼育容器の中で飼われているハツカネズミは、生息密度が上がってくると、生まれたばかりの子どもを食べてしまう。さらに生息密度が高まると、親どうしで共食いをはじめて、個体数を抑える（日高・前掲書）。

●ノウサギ…野生のノウサギは、生息環境に制約が出てくると、胎児を子宮の中に戻すことで、個体数の増加を抑える（H.V. Thompson and A.N. Worden, *The Rabbit*）。
●オットセイ…北方の島に生息するオットセイのオスは、メスより一足先にやってきて、なわばり獲得のために激しい闘争を行なう。後からやってきたメスは、一匹のオスの作ったなわばりの中に出産場所を求め、その所有物となってハレムを形成する。出産場所に適した場所に広いなわばりを獲得した強力なオスは、自動的に多くのメスを所有するが、一〇歳未満の若いオスはなわばり闘争に破れて、交尾のチャンスを逃す。こうしたしくみによって、生息環境に見合った個体数に抑えている（日高・前掲書）。
●ライオン…タンザニアのセレンゲティ草原に生息するライオンは、成体のオス一匹と複数のメスで一つの群れを作り、なわばりを作って獲物を捕らえている。この群れのオスが他のオスによって追い出されて入れ替わると、新しいオスは前のオスの子をすべて殺す。メスの出産間隔は、授乳中の幼い子を持つ場合は二〇～三〇カ月であるが、子を失った場合は間もなく妊娠し新たなオスの子を生む。複数のメスから一斉に生まれた子は、獲物を競い合う年上の子がいないので、生き残る確率が高くなる。追い出されたオスは老齢であったり怪我をしており、間もなく死亡する。こうしたしくみで個体数が常に抑えられている（杉山幸丸『子殺しの行動学』）。
●ハヌマン…インドのダルワール地方に生息する猿、ハヌマンも一匹のオスと複数のメスが一つの群れとなって、なわばりを作っている。この群れでオスが入れ替わると、新しいオスは前のオスの子をすべて殺す。それによってメスの生殖行動を促し、新しいオスの子を増やしていく。こうした行動をくりかえすことで、ハヌマンは個体群の増えすぎを抑え、共倒れを防いでいる（杉山・前掲書）。

個体数抑制行動の基本型

以上のように、動物の社会では、キャリング・キャパシティーが飽和してくると、それぞれの種《しゅ》に備わった独自のしくみで個体数を抑制しています。人間の目からみるとかなり残酷で悲惨な行動ですが、それはヒューマニズムや博愛主義といった、人間特有の価値観のせいであり、動物にとっては種が生き残るための、必然的な行動なのです。

さらにいえば、人間の社会でも、食糧・資源不足、環境悪化、高密度化などで生息環境が飽和するにつれ、出生数減少、死亡数増加、移住・移民の増加など、似たような抑制行動がとられています。子殺しや共食いといった極端な行動でさえ、避妊、中絶あるいは闘争や戦争という行動を思い起こせば、ほとんど同じようなものでしょう。

とすれば、さまざまな動物の抑制行動には、人間社会にも共通する人口抑制行動の原型が潜んでいる、といえます。そこで、以上の抑制行動を整理してみると、次の四つの基本パターンが浮かんできます。

① それぞれの種に備わっている、本来の生殖能力と生存能力、つまり個体の属する群れの出生率・死亡率の増減で個体数を抑える（産卵率低下、幼虫死亡率上昇、成虫死亡率上昇など）。
② 個々の個体の生殖力や生存力を抑えるような生殖抑制行動や生存抑制行動をあえて行なって、個体数を抑える（成虫の卵食い、子殺し、兄弟殺し、共食いなど）。
③ キャリング・キャパシティーを小分けすることで、生殖力と生存力に格差を設け、群れ全体の個体数を抑える（なわばり、なわばりと子殺しの併用、順位制、ハレム制など）。
④ 特定空間から一定数の個体を分離させることで、群れの個体数を抑える（移住し易い体型への移行、集団移動など）。

このように、動物の社会で一般的に行なわれている個体数抑制行動は、①生殖・生存力抑制、②生殖・生存介入、③生殖・生存格差化、④集団離脱、の四つに整理できます。

個体数抑制の論理

このうち、②の生殖・生存介入は直接的に個体数を抑える行動であり、③の生殖・生存格差化は生殖や排除を介して間接的に個体数を抑える行動です。前者では共食いや子殺しが増えると死亡数が増加し、後者ではなわばりや順位制が強まると出生数が減り死亡数が増えますから、それぞれ個体数が抑えられることになります。

もっとも、生物学や個体群生態学などでは、③の行動は特定の個体が繁殖を最大化するための適応戦術（性淘汰）だ、と説明しています。ハヌマンやライオンの子殺しは、あくまでもオスの繁殖機会を広げるための行動であって、その結果として個体数が抑制されたとしても、環境制約が子を殺す直接的な動機になっているわけではない、というのです。とすれば、これらの行動の前提になっているなわばりや順位制も、特定のオスの繁殖戦術であって、環境制約への対応ではない、ということになるでしょう。

しかし、なわばりや順位制そのものが、もともと生息環境の制約に対応するためのしくみであり、効率的に食糧を獲得するためのしくみでもあることを考え合わせると、「環境制約への対応行動ではない」などと単純にいうことはできません。またなわばりから排除された〝外れ個体〟の多くが死に瀕することを考えると、なわばりや順位制もまた、間接的とはいえ、個体数の抑制に関わっているといえるでしょう。

要するに、個々の動物の意図や動機が何であれ、全体として個体数抑制へ向かっているか否かという視点からみれば、生死増減と生殖活動に関わるあらゆる行動は、すべてがキャリング・キャパシティーへの対応とみなすことができます。

遺伝に組み込まれた行動

とはいえ、①~④の行動をさまざまな動物が意識的、あるいは意図的に行なっているわけではありません。動物は、キャリング・キャパシティーが上限に近づくと、これらの行動を自動的に開始しています。というより、キャパシティーが上限に近づく前から徐々にはじめています。これは一種の予知能力といえるものですが、どうしてそんなことができるのでしょうか。

いうまでもなく、動物が人間と同じレベルの、理性的な予測能力を持っているとは思えません。にもかかわらず、これらの行動が自然に行なわれるのは、環境汚染の度合い、食糧獲得の難易度、お互いの接触回数といった環境変化が起こるにつれて、それぞれの種に予め備わった遺伝的なしくみ、いわば「個体数抑制装置」が作動し、生理的に反応してしまうからです。ここで「装置」と書いたのは、抑制のしくみがさまざまなメカニズムで成り立っており、一種の「機械」や一定の「機構」と同じように、予め準備されていて、必要な時に必ず作動しはじめるものだ、という意味です。

たとえばハツカネズミやサルといった哺乳類でも、個々の動物が生息環境の制約を意識しているわけではありません。それぞれの群れの中で接触頻度や競争関係が濃密になってくると、各個体の内部でも次第にストレスが高まり、それとともに遺伝的に組み込まれていた行動が呼び覚まされて、共食いや子殺しといった激しい行動へ走るのです。つまり、キャリング・キャパシティーへの対応行動は、個々の個体の意思や反応というよりも、遺伝的な行動様式に基づいているものです。

こうしたしくみは人間でも同じことです。次章で述べるように、出産回避の理由として、私たち個々人は経済的理由、優生保護、自己実現制約など、さまざまな意図や目的をあげていますが、それらが集約されることによって、全体としての人間集団はその人口を抑制しています。要するに、人間もまた動物である以上、独自の「人口抑制装置（Population Control Mechanism)」を持っており、キャリング・キャパシティーが上限に近づくにつれて、無意識のうちに作動させている、ということです。

もっとも、このように書くと、必ず反論があります。「原生動物から哺乳類まで、異次元の動物が行なっている抑制行動の中から都合のよいものを抜き出して、人間に当てはめるのは不当」とか、「動物次元の生得的《しょうとく》（本能的）な行動を、理性を持った人間に拡大するのは論理の飛躍」といった類《たぐい》の批判です。

いいえ、そんなことをいっているのではありません。「さまざまな種類の動物はそれぞれ独自の個体数抑制装置を持っている可能性がある。とすれば、動物の一種である人間も、それなりの人口抑制装置を持っているのではないか」といっているのです。

そこで、人間の個体数抑制装置とはどんなものなのか、それはどのように作動しているのか、章を改めて詳しく考えてみましょう。

III 人間は文化で人口を抑える

二重の抑制装置

さまざまな動物は遺伝的な個体数抑制装置を持っており、その行動には①生殖・生存力抑制、②生殖・生存介入、③生殖・生存格差化、④集団離脱、の四つがある、と前章で述べました。

こうした抑制装置は人間にも適用できるのでしょうか。

動物の場合、これら四つの抑制行動は、いずれも遺伝的に引き継がれている行動要因、つまり本能的、あるいは生得的な装置に従っています。生得的とは遺伝情報がその動物に予め組み込まれているという意味で、逆にいえば動物の意志（それがあるか否か、それ自体が問題ですが）とは、無関係に機能しているということです。

ところが、人間の場合は、「本能が欠如した動物」（日高・前掲書）とか「本能が壊れた動物」（岸田秀『ものぐさ精神分析』）といわれているように、本能によって対応する方法を著しく欠いています。文化という能力を持ったがゆえに、本能の働く力が薄れているといってもいいでしょう。

となると、四つの行動はどのように変化するのでしょうか。

①の生殖・生存力抑制については、人間の場合もほとんど動物と同じです。食糧不足、環境悪化、高ストレスに晒《さら》されていると、精神的・肉体的に体力が低下し、一方では精子減少、排卵減少、性交不能、不妊症、生理不順、流産・死産の増加といった生殖能力の低下が顕著になり、他方では病気の増加、寿命の低下、胎児・乳幼児の死亡率増加といった生存能力の低下現象が発生してきます。これらはいずれも、人間という種に備わった生殖・生存力の抑制行動であり、その意味では他の動物と共通する遺伝的、生得的な抑制装置といえるでしょう

だが、②生殖・生存介入、③生殖・生存格差化、④集団離脱については、以下にみるように、民族や時代によって極めて多種多様な方法がとられており、必ずしも遺伝的、生得的とはいえません。たとえば、堕胎《だたい》（妊娠中絶）、間引き（嬰児《えいじ》殺し）、避妊、あるいは棄民や姥捨《うばす》て（老人遺棄）といった直接的な次元はもとより、性交禁止、結婚禁止などのタブーや慣習といった間接的な次元、あるいは集団逃亡、強制移民といった離脱的な次元まで、人間はさまざまな方法で対処していますが、そこには民族や時代の世界観が色濃く反映されています。その意味で、これらの行動は人間に特有な言語的、象徴的能力、つまり広義の「文化」に基づいているというべきでしょう。

とすれば、人間にとって、②〜④は遺伝的、生得的な行動ではなく、後天的、人為的な行動

ということなります。他のさまざまな行動と同様に、人口抑制についても、人間は「文化」という独自の方法を援用しているのです。

このように考えると、人間の人口抑制装置は、生理的（＝生物的）次元と文化的（＝人為的）次元の二重構造になっている、といえるでしょう。

マルサスの人口思想

こうした二重構造については、すでに二〇〇年も前、近代人口学の開祖R・マルサスがその著『人口論』（あるいは『人口の原理』）の中で指摘しています。

マルサスは一七九八年に『人口論』第一版を出版し、「人口は幾何級数的に増加するが、食糧は算術級数的にしか増加しないから、その帰結として窮乏と悪徳が訪れる」という有名な理論を発表しました。人口と食糧の間には伸び率の差があるから、必ずパニックへ突き進む、というのです。そのショッキングな内容で、この本はたちまちベストセラーになりましたが、同時に厳しい批判にも晒されました。そこで、マルサスは何度も書き直し、一八二六年にようやく第六版を完成させました。最終版でマルサスが到達した結論はおよそ次のようなものです。

ⓐ　人口は生活資料（人間が生きていくために必要な食糧や衣料などの生活物資）が増加する

ところでは、常に増加する。逆に生活資料によって必ず制約される。

ⓑ人口は幾何級数的（ねずみ算的）に増加し、生活資料は算術級数的（直線的）に増加するから、人口は常に生活資料の水準を超えて増加する。その結果、人口と生活資料の間には、必然的に不均衡が発生する。

ⓒ不均衡が発生すると、人口集団には是正しようとする力が働く。人口に対してはその増加を抑えようとする「能動的抑制（主として窮乏と罪悪）」や「予防的抑制（主として結婚延期による出生の抑制）」が、また生活資料に対してはその水準を高めようとする「人為的努力（耕地拡大や収穫拡大など）」が、それぞれ発生する。

ⓓ人為的努力によって改めてもたらされる、新たな均衡状態は、人口、生活資料とも以前より高い水準で実現される。

これをみると、第一版のパニック論はかなり薄まり、むしろパニックを解消するための、さまざまな行動の解明に力点がおかれています。つまり、ⓒ人口と生活資料の間のバランスが崩れた時、「能動的抑制」と「予防的抑制」の二つの抑制現象がはじまることと、ⓓ生活資料の水準を高めようとする「人為的努力」によって、新たに出現する均衡状態は、以前より高い水準で達成されること、の二つが新たに書き加えられています。

能動的、予防的という訳語は肯定的な意味にとられそうですが、必ずしもそうではありません。能動的抑制には「あらゆる不健全な職業、過酷な労働や寒暑に晒されること、極度の貧困、劣悪な児童保育、大都会、あらゆる種類の不摂生、あらゆる種類の普通の疾病《しっぺい》と流行病、戦争、疾病および飢饉《ききん》」が含まれています。今風にいえば、きつい・汚い・危険な職業、貧困、ホームレス、児童虐待、劣悪環境、非衛生、病気多発、大飢饉などということでしょう。

また予防的抑制には「慎重な動機から出た結婚の抑制」という「道徳的抑制」と、「乱交、不自然な情交、姦通、および密通の結果を覆い隠すための不当な方法」という「罪悪」的抑制の二つが含まれています。現代におきかえれば、晩婚化・非婚化（道徳的抑制）と、性風俗産業の拡大や妊娠中絶の増加（罪悪的抑制）に相当するでしょう。

つまり、能動的抑制とは動物とほぼ同じ次元の人間の生理的反応であり、予防的抑制とは人間という種に特有の、広い意味での文化的反応ということです。マルサスもまた、人間の二重構造に気づいていたのです。

とすれば、この文化的反応は、人間の社会ではどのように行なわれているのでしょうか。先にあげた②生殖・生存介入、③生殖・生存格差化、④集団離脱という三つの抑制装置が、文化としてどのように行なわれてきたのか、人類の歴史や民族の文化の中に詳しく探ってみましょう。

石器時代

石器時代の人口抑制装置については、アメリカの生態人類学者M・ハリスが、幾つかの事例を紹介しています（『ヒトはなぜヒトを食べたか』）。ハリスはまず、カナダ・インディアンやヌナミウト・エスキモーなどの人口密度から推定して、新石器時代の人々は「人口密度を一平方マイル当たり一、二人以上には決してしなかった」とし、その主要因として子殺し、つまり嬰児殺害率の高さを指摘しています。

石器時代のキャパシティーは、約二万年前に飽和したことが、平均身長と残存歯数から推定されています。飽和状態の下で人口増加をゼロに抑えるには、意図的な人口抑制が必要で、最良の方法は母親の授乳期間を延長することでした。嬰児への授乳は母親の排卵能力を抑えますから、その期間が長ければ長いほど出産が延ばされることになります。だが、それだけで人口増加の圧力を抑えるのは不可能でした。

そこで、第一に子殺しが行なわれました。人類学的人口学者F・ハッサンは、自然要因による幼児死亡率が五〇%であったとすれば、おそらく二三〜三五%の潜在的子孫を「間引き（嬰児殺し）」する必要があった、と述べています（*On Mechanisms of Population Growth During the Neolithic*）。またオーストラリア原住民などの調査結果などから推定すると、さらに高く五〇%の「間引き」があった、とも考えられます。とりわけ、その対象は女性に向けられました。そこで、ハリスは「一夫一婦制をとらない場合の人口増加率は生殖年齢に達した女性の数によってほぼ全面的に決定されるので、女児だけをほったらかしにしておくという方法（遺棄《いき》＝著者注）が最善だった」と推定しています。

第二に堕胎も行なわれました。ハリスは、旧石器時代の女性の推定平均寿命が二八・七歳と低かった背景には、出産の間隔をあけるために堕胎したことが主要因と考えています。避妊方法を知らなかった石器時代の人々も、妊娠中絶を行なうための動植物の毒や、腹部を圧迫したり打撃する物理的方法はよく知っていましたから、これによって出産を抑えた可能性がありま す。もっとも、こうした方法は妊婦の生命を奪う危険性が高かったので、「経済的・人口的に強い圧力を受けている集団だけが、主な人口調節方法として堕胎に訴えたのではないか」と断っています。

第三は老人殺しです。エスキモーの老人は、衰弱して自分の生活の糧《かて》を得ることができなくなると、集団が移動する時にその場に残って「自殺をする」ことがあります。オーストラリアのアーネムランドのムルンギン族では、病気になった老人は死者同然の扱いを受けて死に追いやられます。彼らの集団が葬儀を執り行ないはじめると、老人はそれに対応して容態を悪化させ、自ら死んでいきます。これらの事例から、石器時代の人々も老人殺しを行なっていた、とハリスは推定しています。但し、老人殺しは「緊急の場合に集団の規模を短期間に小さくすることにのみ効果があり、長期にわたる人口増加を抑える効果はなかった」とも付け加えています。

こうしてみると、人類はすでに石器時代から、授乳期間の延長、子殺し、子捨て、妊娠中絶、老人殺しなどの人口抑制装置を持っていたことになります。

古代ギリシャ

石器時代の抑制装置は古代社会へも引き継がれました。R・マルサスは『人口論』第六版の中で、さまざまな民族や国家が独自の人口抑制装置を持っていた事例を数多く指摘していますが、その中からまず古代ギリシャをみてみましょう。

紀元前六世紀、アテナイの立法者ソロンは、子どもの遺棄を認める許可を与えましたが、それはすでに広まっていた習慣を法制化しただけでした。遺棄許可のねらいは二つあり、一つは「広く貧困と不満を生ずるような過剰人口を防止すること」、もう一つは「大きすぎる家族の恐怖、したがって結婚に対する主な障害を取り除くこと」でしたが、最終の目標は「人口を一定水準に保つこと」にありました。

前五〜四世紀になると、哲学者プラトンがその著『国家』の中で、行政官は戦争、疾病、その他の諸原因に基づく目減りを考慮しながら、国家の資源と需要に応じて、市民の数が多すぎも少なすぎもしないように結婚の数を決定すべきだ、と提案しています。また劣等な市民や手足の不完全者から生まれた子どもたちは、どこか人目のつかない場所に埋めてしまわねばならない、とも書いています。

さらに適正な結婚年齢を女二〇歳、男三〇歳と決め、女は二〇～四〇歳の間に、男は三〇～五五歳の間に、国家のために子どもを作るべきだ。この年齢の以前か以後に子どもを作ることは、非婚のまま色欲に溺れて子どもを作ったのと同じく犯罪的で神を冒瀆《ぼうとく》する行為だ。正式の結婚者以外から生まれる子どもも同じだ。こうした子どもたちは、両親が扶養できない場合と同様に棄《す》ててしまわねばならない、と強調しています。

要するに、限界を超えて増加する人口に対しては、「劣等で不完全な市民の子どもを殺し、規定された年齢、規定された形式によらずに生まれた子どもをすべて殺害し、結婚年齢を遅く定め、結局は結婚数を規制する」ことで抑制すべきだ、というのです。

前四世紀には、プラトンの弟子のアリストテレスがその著作集の中で、適正な結婚年齢を男三七歳、女一八歳と定めれば、三七歳の男は一八歳の女ほど数が多くないから、女性の晩婚化を促すことができる、と述べています。それでもなお子どもの数が多くなりすぎることを懸念して、各夫婦に許される子どもの数を規制すべきであり、規定の数を産んだ後に妊娠した女性は堕胎を行なうべきだ。また国家のために子どもを作る年齢の上限は、老いすぎると心身ともに不完全になるから、男は五四〜五五歳で終わるべきだ。それを超えた場合の子どもには日の目をみせてはいけない、と論じています。

つまり、すべての人が自由に子どもを持てば、必然的に貧困になる。貧困は非道と暴動の源だから、これを防止するには子どもの数の規制が必要だ、と主張しているのです。

いうまでもなく、これらの言動は立法者や哲学者の意見にすぎず、実際に規制が行なわれていたという証拠はありません。しかし、こうした言葉が出てくる背景として、当時の社会に捨て子、嬰児殺し、晩婚化奨励、出産年齢制限、堕胎などの風習がかなり蔓延《まんえん》していた、という推定がなりたつのです。

古代ローマ

続いてマルサスは古代ローマについても筆を進め、ここでも大昔から嬰児殺しの風習が広まっていた、と指摘しています。ローマ市の伝説的な建国者ロムルスの定めた法律の中には、すでに三歳未満の子どもの遺棄を禁じたものがあり、このことから、生後間もない子どもを捨てる習慣が、それ以前にも広く行なわれていた、と推定しています。

その後、帝国初代のアウグストゥス帝（前二七〜後一四）や五賢帝の一人トラヤヌス帝（九八〜一一七）も、結婚と出産を奨励する法律を何度も出しましたが、その効果はほとんどなかったようです。それを裏付ける証拠として、二〜三世紀のキリスト教護教家ミヌキウスが「私はお前たち（ローマ市民）が、ある時は生まれた子どもを動物や鳥に委ねるのを、またある時は子どもを窒息させて死の世界に追いやるのを見ている。彼らの中には、自分の内臓の中に吸収される薬を用いて、生まれ来る人間の萌芽を消し去り、分娩の前に尊属殺人の罪を犯す（者もいる）」と書き残しています。

にもかかわらず、その後の皇帝は「三児法」を制定して、なおも出産を奨励します。三児法とはローマでは三人、イタリアの他の地方では四人、属州では五人の子どもを持った人は公課を免除するというものですが、やはり効果は現れませんでした。『慈善のほかには生計を得るあらゆる手段を完全に奪われて、自分の生活もままならず、ましてや妻と二、三人の子どもを養うことなどほとんどできそうにない一群の人々にあっては、そのような法律がどれほど効果を持ちうるであろうか」とマルサスは述べています。

確かに三児法と同趣旨の法律は、ローマ市民の上流階級には多少の効果を与えたかもしれません。だが、そのような法律以上に、人口を抑えようとする、さまざまな悪習の方がローマ社会に浸透していました。すでに女たちを不妊にし、母親の胎内で人を死に至らしめるための、多くの技術や薬品が流行していたのです。さらにマルサスは「ローマにおいては、道徳の腐敗が少なくとも上流階級では、結婚を妨げた直接の原因であった」と述べて、風俗的な退廃が非婚化を促したことを指摘しています。

以上のように、古代ローマでも、晩婚化や非婚化はもとより、子捨て、嬰児殺し、堕胎、不妊、性的退廃といった抑制装置がかなり広まっていたようです。

近代イギリス

いささか残酷な事例ですが、こうした人口抑制は人類史の古い時代に限ったことではなく、さまざまに形を変えながらも、近代初期のイギリスにも続いています。

イギリスの人口は、ペストの影響が消えた一四五〇年ころの二〇〇万人から増加を開始して、一六三〇年ころ約六〇〇万人に達しましたが、以後は停滞して、産業革命が開始される一七三〇年までの約一〇〇年間、その状態を続けています。その背景には、一五〇〇年代初頭にはじまる農業技術の革新と農地の拡大が、急速に農業産出高を増加させはしたものの、一六三〇年ころに限界に達してしまった、という事情があります。

このため、当時のイギリス人はさまざまな人口抑制装置を作動させました。イギリスの歴史人類学者A・マクファーレンは、最も直接的な目的として出生率の抑制をあげ、その手段を①性交渉の発生可能性、②性交渉の後の妊娠または避妊の可能性、③出産や回避の可能性の三面から分析しています（『イギリスと日本』）。

最初の性交渉の発生可能性については、晩婚化と生涯独身率の高さを指摘しています。晩婚化では一七〜一八世紀の女性の平均初婚年齢が二六歳を超えており、また生涯独身率では、未婚女性の比率が一六〇〇〜四九年の約二〇・五％から、一六五〇〜九九年には二二・九％にまで上昇し、時には三〇％近くまで上がった可能性もある、といっています。そうなると、全女性の三分の一近くが結婚しなかったことになります。

二番めの妊娠または避妊の可能性については、母乳哺育の比率の高さ、避妊方法の普及、性交中断などがあげられています。母乳哺育の比率の影響とは、先に述べたように、授乳の一回ごとの長さ、頻度、授乳回数などの形態によって、産後の無月経期間に差が生じ、それが次の妊娠を抑制するというものです。医療関連の文献などから推定すると、一六〜一七世紀に目標とされた期間は二一〜二四カ月でしたが、実際の平均期間は一六世紀で一四・五カ月、一七世紀で一三・七五カ月であり、一八世紀の八カ月より大幅に長かったと推定されています。

また避妊方法については、性欲を抑制させる各種の薬草や薬品、原始的なペッサリーやコンドームなどがすでに登場していましたが、実際にはほとんど使用されておらず、その効果も限られたものでした。

三番めの出産や回避の可能性では、中絶と嬰児殺しが考えられます。中絶については、すでに一八世紀に専門の堕胎施術者や助言者、あるいはサビナビャクシンのような堕胎薬が登場していました。だが、主な目的は社会的に認知されない出産を避けるためであり、夫婦間の一般手段ではなかったようです。

他方、嬰児殺しも他国と同様、当時のイギリスでも行なわれていました。が、それもまたほぼ例外なく非嫡出子が生まれた場合に限られており、人口抑制の手段として行われていた可能性は低い、とマクファーレンは述べています。

捨て子と畜殺婦

しかし、先にあげたハリスは、近代初期おいても「嬰児殺しは、中世とほぼ同じくらいの規模で、引き続き直接間接に行なわれた」と述べ、法律上は過失や故意とみなされたにしても、ほとんどの場合は「不慮の事故」として片付けられた、と指摘しています(前掲書)。死亡届では「添い寝の際の寝返り」の結果とされた裏側で、望まれぬ子どもがジンや麻酔薬を飲まされて死んだり故意に餓死させられたと述べ、「一八世紀のロンドンその他の大都市では、嬰児の死体が街路や汚い場所に横たわっている光景をみるのは珍しいことではなかった」という歴史人口学者W・ランガーの言葉を紹介しています。

さらにハリスは、捨て子の急増も指摘しています。当時、イギリス政府は捨て子養育院を設けて収容していましたが、そこもたちまち修羅場と化し、「その最も重要な機能は、ヒトを殺す権利を自らが独占しているという国家の主張を体現するもの」になりました。実際、ロンドン最初の捨て子養育院には、一七五六～六〇年の五年間に一万五〇〇〇人の孤児が収容されましたが、青年期まで生き延びた者はわずか四四〇〇人にすぎません。そればかりか、さらに何千という捨て子が、教区の貧民院の雇った乳母によって生命を奪われ続けました。教区の役人が経費節減のために、「人殺し乳母」とか「畜殺婦《ちくさつ》」と仇名《あだな》された女性たちに嬰児殺しを任せた結果であった、というのです。

もう一つ、間接的な要因として、マクファーレンは当時の大都市が人口抑制の機能を果たしたことをあげています（前掲書）。人口密度の高い大都市は産業廃棄物や市民の汚物で汚染され、空気はスモッグで汚れ道路はゴミで溢れるなど大変不衛生でしたから、死亡率を高めました。このため、一七世紀中葉のロンドンには年間六〇〇〇人の人口補充が必要であった、とマルサスも統計学者J・グラントの推計を紹介しています。

また歴史人口学者のE・A・リグリィとR・S・スコフィールドも、ロンドンの人口減少がイギリス人口に影響を与えたのは、一六二五年から一七七五年に至る一五〇年間であったとしたうえで、一七世紀の七五年間、ロンドンは人口増加の抑制剤としての役割を果たし、一八世紀においても他の地域の余剰人口が情け容赦なくなだれ込む排出路としての役割を担い続けた、と述べています（*The Population History of England*）。

以上を整理してみると、一七〜一八世紀初頭のキャパシティー飽和期にイギリス人が採用した人口抑制装置では、直接的には晩婚化、非婚化、嬰児殺し、子捨てといった方法が、間接的には大都市の拡大が、それぞれ効果をあげていたことになります。

江戸時代中期

日本人もまた人口を抑えてきました。日本史を振り返ってみると、江戸時代中期（以下、江戸中期と略す）の享保《きょうほう》から化政《かせい》期に至るほぼ一世紀が、最も典型的な人口抑制時代でした。当時の人口は一七三二年に三二三〇万人でピークに達した後、一七九〇年ころまで約六〇年にわたって減り続け、以後は停滞しています。

直接のきっかけは、気候の極端な悪化でした。一七三〇年代に一旦上昇した気温は、その後で急落したため、大飢饉を何度か発生させました。だが、気候の変化はあくまでもきっかけにすぎません。VIで詳しく述べますが、本質的な要因は、当時のキャパシティーを支えていた集約農業文明にさまざまな制約が強まったからです。その結果、出生数と死亡数の両面から、さまざまな人口抑制装置が作動しました。これにも直接的な方法と間接的な方法があったようです。

第一は直接的な出生抑制です。当時の農民たちは、自らの生活水準を維持するために、晩婚・非婚や間引きや堕胎を行なっています。従来の説では、この時期に農業生産が停滞したため、国民の多くが貧困に喘いで〝積極的〟に人口を抑制したのだ、と理解されていますが、本当はそうではありません。

アメリカの歴史人口学者S・B・ハンレーとK・ヤマムラによると、江戸期の農村で行なわれた人口抑制装置には「養子や十分な所得が得られる時のみ結婚を許可すること、とくに女子について初婚年齢を規制すること、そして堕胎と間引きがあった」と指摘しています（『前工業化期日本の経済と人口』）。つまり、①所得水準による婚姻の制限、②女子の初婚年齢の規制、③結婚後の間引きや堕胎の三つです。

所得水準による婚姻制限について、二人は「天明飢饉以降、西方村《にしかた》では、直系でない者と結婚した女子は一人もいなかった。したがって、一人の息子のみが父親の後（継ぎ）をあてにできたにすぎず、その他の者は他所稼ぎに出るか、家に留まり、独身のまま兄に仕えるかのどちらかであった」とし、「通常、結婚が許され、家族内に留まることができたのは息子兄弟のうち一人にすぎなかった」と一般化しています。西方村というのは、彼らが宗門改帳を調査した三河湾岸の村（現・愛知県宝飯《ほい》郡御津《みと》町）です。

女子の初婚年齢規制についても、当時の平均初婚年齢が二二歳とかなり高かった背景には、さまざまな規制があったからだ、と書いています。「だれが結婚し、だれが独身で留まることになるかの選択は何の基準もなく行なわれたのではなく、明らかに経済的理由をもっていたと考えることができる。また仮に彼ら自身の経済的な配慮が働いていなくても、人々は藩の規制のなかに自分たちの行動を束縛する要因を見出した」のです。

結婚後の間引きや堕胎の方法については、史書の中にいくらでもみつけることができます。「間引き」という日本語は「苗を間引く」ことに由来する嬰児殺しを意味していますが、飢饉時には多数の事例がみられたため、諸藩は相次いで禁令を出しています。また堕胎はゴボウ科の「いのこずち」や水銀複合薬などの薬品、腹部への圧迫や異物挿入などの物理的手法がありました。これに加えて、一九世紀初頭には主な都市に堕胎医まで登場していました。

そして重要なことは、こうした方法が飢饉や凶作のために「やむなく」採用されたのではない、ということです。そうではなく、「これらの村の人口が一人当たりの所得を最大化し、またそれによって生活水準の維持、改善することに結びついた慣習に従っていた」ためでした。つまり、当時の両親が出生数の抑制に走ったのは、多くの子供を持つよりも一人当たりの所得を最大化し、生活水準の維持・改善をめざすという選択の結果だったのです。元禄期の高度成長を通じて、すでに著しく高い生活水準を経験していた彼らは、その水準を維持するために、〝予防的〟に人口抑制へ向かっていったのです。

大都市は蟻地獄

第二は大都市化による間接的な人口抑制です。歴史人口学者の速水融は「都市では男子人口が女子人口より著しく多く、この性比のアンバランスのため有配偶率が低く、結婚年齢が高くなる結果、出生率が低くなること、人口密度が高いため、また衛生状態や居住条件が悪いため、災害や流行病で人命が失われる危険性がより高く、死亡率が高いことなどがあげられる。発展する都市は周辺農村からの人口を引きつけたが、流入した人々にとって都市は『蟻地獄』であったのである。また農村からの出稼ぎの若い男女が都市の『蟻地獄』から脱出し帰村しても、結婚は遅れ、それが農村の出生率に影響を与えることになった」と述べています（「概説一七―一八世紀」）。

要するに、江戸中期に成熟した江戸や大坂など大都市は、晩婚化や単身化を拡大させ、また衛生環境の悪化で死亡率の上昇や出生率の低下を引き起こしたばかりか、全国人口まで抑制していました。この背景には、①都市では男子人口が女子人口より著しく多いため、有配偶率が低く、結婚年齢が高くなって出生率を落とした、②農村からの出稼ぎに出た若い男女は、都市から帰村してもやはり結婚が遅れたから、農村の出生率を低下させた、③人口密度が高く、衛生状態や住居条件が悪いため、災害や流行病で人命が失われる危険性がより高く、死亡率を高めた、などが考えられます。①と②は出生数抑制であり、③は死亡数促進といえますが、両方

図表3−1　人口抑制装置の構成

装置の区分	増加抑制装置	減少促進装置
生理的抑制	生殖能力低下（精子減少、排卵減少、性交不能、不妊症、生理不順、流産・死 産の増加など）	生存能力低下（病気の増加、寿命の低下、胎児・乳幼児の生存能力低下など）
文化的抑制		
直接的抑制	妊娠抑制（避妊、性交禁止）、出産抑制（堕胎、嬰児殺し）など	集団自殺、死亡増加放置など
間接的抑制	生活圧迫、結婚抑制、家族縮小、家族・子どもの価値の低下、都市化、社会的退廃化など	生活圧迫、飽食・過食による病気の増加、生活習慣病の増加、性的伝染病の増加、都市環境悪化、社会的退廃化など
政策的抑制	強制的出産抑制（一人っ子政策）、出産不介入（「産めよ増やせよ」政策の放棄）など	老人遺棄（姥捨て）、棄民（強制移住、移民促進）など

が絡み合って、当時の大都市は周辺農村からの人口を引きつけたうえで、次々に減らしていく「蟻地獄」であったのです。

こうしてみると、キャパシティーの飽和に伴って、生理的抑制装置のみならず、生活水準優先、個人主義志向、大都市志向、単身化・晩婚化志向などの文化的抑制装置も、的確に作動しているのがわかります。

文化的抑制の三つの次元

いくつかの民族がこれまでに行なってきた、さまざまな人口抑制装置の実態を眺めてきました。そのほとんどが生理的な抑制を超えており、意志的、制度的、社会的に人口を抑え込んでいますから、まさに文化的抑制装置というべきものです。そこで、人口抑制装置の構成を図表3

―1のように整理してみますと、文化的抑制は人口増加抑制と人口減少促進の両面で、次のような装置に分けられます。

人口増加を抑える装置としては、直接的抑制（妊娠抑制、出産抑制など）、間接的抑制（生活圧迫、結婚抑制、家族縮小、都市化、社会的退廃化など）、政策的抑制（強制的出産抑制、出産増加への不介入など）があります。

人口減少を促す装置もまた、直接的抑制（集団自殺、環境悪化や死亡増加への不介入など）、間接的抑制（飽食・過食による病気の増加、生活習慣病の増加、都市環境悪化など）、政策的抑制（老人遺棄、棄民など）に分けられます。

とすれば、文化的抑制装置は、直接的抑制、間接的抑制、政策的抑制の三つに整理できます。政策的というのは、村落、都市、国家などの集団が、一定の意図を持って人口増減に介入するという意味です。いずれにしろ、私たち人間はキャパシティーの制約が強まるにつれて、これら三つのうちいずれかを選んで行なったり、あるいは三つすべてを実施して、人口増加を抑えているのです。

もっとも、このように書くと、私たち一人ひとりがキャパシティーの上限を大局的に理解して、国家や社会のために抑制装置を作動させるのだ、と誤解されそうですが、そうではありません。三つの装置は個々人の社会的な意識の高さで作動しているのではなく、経済的な苦しさ、居住空間の圧迫、生活時間の多忙さなど、彼らが肌身で感じた感触によって初めて作動しているのです。苦しい生息環境を少しでも改善しようとする時、意識的あるいは無意識的に作動する、といってもいいでしょう。

それはちょうど、多くの動物が種全体を保存するために個体数を抑えるのではなく、自らの適応度を高めるために抑制行動をはじめるのと同じことです。

生理か文化か

となると、動物としての人間に元から備わっている生理的装置と、以上にあげた文化的装置が、どちらがどのように作動するのか、が問題になります。

この点については、イギリスの経済生態学者R・G・ウィルキンソンが「生理的、本能的メカニズムは、文化的なメカニズムが働かない場合の補助組織としてのみ役立つだけである」と述べています（『経済発展の生態学』）。二つのうちどちらが強く働くかは、文化の安定度によって左右される。文化が安定している時には文化的装置が、混乱している時には生理的装置が、それぞれ強く作動する。あるいは、文化が安定している限りは文化的装置で対応するが、文化が混乱してくると生理的装置でしか対応できなくなる、というのです。「人間の人口に餓死があるかどうかを決定するのは、文化の偏差であって、人間の生理ではない」（同上）とウィルキンソンソンは表現しています。

文化が混乱していると、文化的抑制装置が作動せず、生理的抑制装置でしか対応できなくなる、というのはわかりにくいかもしれません。だが、そうした実例は、一八世紀から二〇世紀に至る途上国の人口動向の中にいくつでもみつけることができます。それらをみると、キャパシティーが確かに飽和しているにもかかわらず、文化的抑制装置が一向に作動せず、その結果として飢餓や混乱といったパニック状況へ陥っています。

抑制装置はなぜ作動しないのでしょう。パニックはなぜ発生してしまうのでしょう。欧米先進国の視点からいえば、貧しく無知だから出産を抑制する方法を知らないのだ、遅れた国だから産み放題なのだ、ということになるでしょう。だが、そうではありません。人口増加でパニックを招いた最大の原因は、欧米先進国の存在そのものでした。

なぜなら、多くの途上国はもともと、それぞれのキャパシティーに見合った範囲内に、自らの人口を抑制する文化的装置を持っていたからです。その装置が破壊されたのは、一八世紀以降、新たに持ち込まれた欧米型の文化や価値観のためでした。

具体的にいえば、キリスト教の導入で伝統的な慣習を放棄させられたうえ、欧米のような生活水準こそ進歩であり、欧米的なやりかたをとれば、やがてそれを享受できるようになるとの幻想を与えられたからです。そうした事実は、イギリス人であるウィルキンソン自身が、豊富な事例によって実証しています（前掲書）。

途上国でなぜ増え続けるか

ウィルキンソンはまずキリスト教が抑制装置を破壊した実例として、一八〜二〇世紀の途上国で起こった、三つの事例をあげています。

パラグアイのアビポン族には、母親が子どもに授乳している三年の間、夫との性交を禁止する慣習があったため、夫に逃げられるのを恐れた母親は内緒で堕胎へ走っていました。これによって出産間隔が延び、直接的にも人口が抑制されていました。ところが、一八世紀の半ばに渡来したキリスト教の宣教師たちが、堕胎や嬰児殺しを廃止させたうえ、食糧がいかに豊富であったかという事実を指摘し、その事実が彼らの慣習と無関係であったかのように指導しました。その結果、アビポン族は従来の慣習を放棄しましたから、以後の人口は急増へ転じ、やがて窮乏へ追い込まれました（M・ドブリゾッファーの調査）。

南アフリカのズールー族のケースでは、南アフリカ政府が一九〇二年に、黒人と白人の居住地域を分断してズールー族の土地の多くを奪ったうえ、キリスト教の伝道によって伝統的な一夫多妻婚を一夫一妻婚に変えさせました。その結果、人口は急増し、資源に対する圧迫が増加しました（D・H・リーダーの調査）。

ポリネシアのニューブリテン島のティコピア族では、一九二〇年代からキリスト教の影響で、性交中断を奨励する儀式、堕胎、嬰児殺しなどの直接的抑制や、子どもが二人以上いる家庭では長男長女しか結婚できないなどの間接的抑制が、両方とも廃止されました。そのうえキリスト教会は、堕胎や嬰児殺しを犯した者を罰し、不義を発見された若者にはむりやり結婚を強制しました。その結果、人口と生態系の均衡を維持する装置は瞬く間に破壊されました(R・ファースの調査)。

ヨーロッパ的な法制の導入が人口増加を招いた実例としては、ニューブリテン島のヴナマミ族のケースをあげています。ヴナマミ族では一八七五年ころまで、小規模家族、晩婚などによって「低出生率・低死亡率」を達成し、かなり高度な生活水準を維持していました。が、イギリス政府は一八九六年、彼らの住む土地の所有権を保持するためには、五〇年間その土地に定住しなければならない、というヨーロッパ式の法律を制定しました。そこで、ヴナマミ族は固有の土地を守るため、一人の族長のイニシアティブで早婚を奨励し、人口を増加させる方策に転換しました。このため、大部分のヴナマミ族は、急増した人口によって生活水準を大幅に低下させました(R・ソールズベリーの調査)。

これらの事例が示しているのは、ヨーロッパ人との接触、あるいは外来の価値や習慣の導入で、過剰人口を防ぐためのさまざまな文化的抑制装置がむりやり解除され、その結果、人口は本来的な増加傾向を取り戻して、やがては飢餓に至るという事実です。つまり、途上国で人口が急増し飢餓が発生する真の理由は、近代文明による伝統的文化の破壊、および近代化によるキャパシティーの拡大幻想、の二つにあります。これこそ、文化が混乱している時には生理的装置に頼りがちになるという、典型的な実例でしょう。

抑制装置が作動するしくみ

以上、幾つかの事例を述べてきました。これらの実例を参考にして、人口抑制装置が実際にはどのように作動しているのか、そのしくみを考えてみましょう。

おおまかに表現すれば、抑制装置が作動するのは、人口がキャパシティーの上限に近づいた時です。だが、厳密にいえば、修正ロジスティック曲線の上で、キャパシティーの半分を過ぎたころから、抑制装置は作動しはじめています。人口がキャパシティーの半分を超えると、一人当たりの容量、つまり「生息水準」が落ちはじめ、それに伴って人口も徐々に伸び率を落としていくからです。このことは、すでに抑制装置が作動していることを示しています。

ところで、今「生息水準」と書きましたが、動物ならいざしらず人間に、この言葉を使うのはいささか不適当で、やはり「生活水準」というべきかもしれません。だが、生活水準という言葉は、もっぱら所得水準をベースにした、経済学的な意味で広く使われており、ここで議論しているような、人間のより広い自由度を表す言葉としては適当ではありません。経済的な生活水準が上がっても、逆に時間的な自由度や空間的なゆとりが減ることは先進各国の生活態様をみれば、容易に想像できます。

そこで、他の動物と同様に、生息水準を使いました。より積極的にいえば、さまざまな動物がそれぞれの種にふさわしい生存水準を持っているように、人間という種もまた文化や精神的な自由度までを含めた、人間独自の生存水準を持っている、ということです。さらにいえば、古代人、中世人、近世人はそれぞれが生きている時代によって、生息水準の量や質を変えているのだ、といいたいのです。

こうした意味での生息水準と人口抑制装置との間には、次のような関係が働いていることになります。

① 一定の文明が作りだすキャパシティーは、その文明が実際に自然環境を開拓するに伴って、徐々に拡大していく。

② キャパシティーの拡大に伴って人口もまた増加するが、キャパシティーの伸び率が人口の伸び率を超えている時には、一人当たりの生息水準も上昇する。この時、一人の成人は自らの生息水準を落とさないで、子どもを増やすことができる。

③ しかし、キャパシティーの伸び率が衰えて、人口の伸び率を下回りはじめると、一人当たりの生息水準は低下しはじめる。これに伴い生理的抑制装置が徐々に作動しはじめる。

④ さらに生息水準の伸び率が落ちてくると、一人の成人が子どもを増やすためには、自らの生息水準を落とさざるをえなくなる。そこで、成人はこれまでの生息水準を維持・拡大していくか、それとも子どもを増やすか、二者択一を迫られる。

⑤ 文化が混乱していると、こうした選択をする余裕がなく、生息水準を低下させたまま子どもを増やしていくから、やがて飢餓や病気など生理的抑制装置だけで対応せざるをえなくなる。

⑥ 文化が安定していると、多くの成人は生息水準を落とすことを嫌って、子どもを増やすことを諦める。このことは、すでに生きている世代が、自分の生息水準と次世代の存続を比べて、自分の方を優先していくことを意味している。

⑦ 多くの成人がこのような選択を取りはじめると、それが社会全体に広がって、文化的抑制装置を作動させることになる。

以上が人口抑制装置の作動する、大まかなプロセスです。こうした二重の装置が作動しはじめることで、人間はその人口を自ら抑制し減少させているのです。

第二部 人口は波を描く

Ⅳ　人口容量から人口波動へ

キャパシティーの計り方

前章でみてきたように、キャリング・キャパシティーが飽和しはじめると、人間の場合も人口抑制装置が作動します。では、キャリング・キャパシティーはどのようにしたら計測できるのでしょうか。

動物のキャリング・キャパシティーは、IIで述べたとおり、主に食糧余裕度、環境汚染度、接触密度などによって決まってきます。実験容器の中はもとより一定の自然環境の中であっても、この三つの要素が絡み合って、個体数の増加に制約を与えるケースが一般的です。しかし、三つの比重が予め決まっているというわけではありません。それぞれの比重は動物の種によって異なってきますし、群れや集団のおかれた状況によっても変わってきます。時には三つ以外の要因が加わってくることもあります。このため、ある種、ある群のキャリング・キャパシティーを明確に計測するのはかなり難しく、予測することもまた無理な場合が多いようです。

だが、そうだからといって、キャリング・キャパシティーがない、ということにはなりません。一定の環境下に生息する個体数は必ず飽和し、やがて減少していくからです。とすれば、個体数が減少しはじめる直前の総個体数こそキャリング・キャパシティーであった、ということができます。

かくのごとく、キャリング・キャパシティーという概念は、もともと計測しにくいものです。動物の場合でさえそうなのですから、対象が人間となると、もっと把握が難しくなります。人間にとっても、食糧余裕度、環境汚染度、接触密度の三つが基本であることに変わりはありませんが、それに加えて経済的、時間的、精神的な自由度といった、人間特有の要素が絡み合ってくるからです。

人間のキャリング・キャパシティー

このため、人間のキャリング・キャパシティーについては、学者や研究機関からさまざまな意見が出されています。アメリカの人口学者J・E・コーエンは『新人口論』の中でそれらを整理して、二六もの見解を紹介しています。邦訳ではとりあえず「環境許容量」という言葉が当てられていますが、最も基本的な論点は次の三つです。

第一は、常に変動しているため、「計測しがたい」、もしくは「定量化できない」、という見解です。たとえば「地球の〝環境許容量〟は過去数十年、数百年、数千年にわたって増加しつづけ、今や〝許容量〟という言葉には何も有用な意味はない」（J・サイモンなど）、「（環境許容量は）ある一定の人口もしくは一つの数字としてではなく、遥かに複雑な関係もしくは関係の総体として定義しなければならない」（P・W・ハウスなど）、あるいは「環境許容量を定量化する作業は一般に困難である」（A・J・ギルバートなど）といった意見です。

第二は、人間だけに特有の「社会的、あるいは文化的なもの」が含まれている、という見解です。「我々は生物物理的な環境許容量と、社会的な許容量を区別することにする。（中略）社会的な許容量とは、さまざまな社会システム（特に資源の消費様式の組み合わせ）の下で持続可能な最大人口サイズである」（G・C・デイリーなど）、あるいは「人間問題に関しては、環境許容量という言葉を使うのをやめて、代わりに文化的環境許容量、もしくはもっと簡単に文化許容量という言葉を用いることを提案したい」（G・ハーディン）といった意見がその代表です。

第三は、他の動物と違って、人間だけが許容量そのものに介入できる、という見解です。ここでは「人間社会は計画的に開発発展を推し進めることによって、自らの環境許容量を拡大する能力を持っている」（J・キング）といった意見があげられます。

以上のように、人間のキャリング・キャパシティーについては、定量化困難性、人間だけの特有性、拡大可能性など、動物との大きな違いが指摘されています。ここまで大きく異なっている以上、人間のキャリング・キャパシティーについては、もはや「キャリング・キャパシティー」という生物学用語はもとより、「環境許容量」などという不確かな訳語もまた超えた、独自の概念になっていると思います。

この概念を正確に表現しようとすれば、「人間のキャリング・キャパシティー」とか「人間の環境許容量」など、いちいち〝人間〟をつけなければなりません。そのこと自体が、言葉としての機能を失っている証拠といえるでしょう。

人口容量とは何か

そこで、筆者はもっと率直に「人口容量」と名づけて、人間の個体数がどれだけ生きられるか、自然環境から社会環境のすべてを含む、時間的、空間的な可能性を意味させたいと思います。その理由を改めて整理してみましょう。

一つは、人間のキャリング・キャパシティーが動物のそれと比べて、はるかに複雑な構造を持っていることです。つまり、人口容量は、人間集団と自然環境、社会環境、文化環境などの相互関係によって決まってくるものです。

二つめは、人口容量とは、歴史や時間を通じて一貫的な、あるいは国家や地域を通じて整合的な、不変の変数などではない、ということです。その内容や構成は予め一律に定まっているわけではなく、集落や地域、民族や国家といった集団ごとに、あるいは原始社会、古代、中世、近代といった時代ごとに、いわば事後的に決まってくるものです。

他の動物の場合、その種が遺伝的に持っている対応装置のしくみによって、一定の空間が提供できる環境許容量は決まっています。古代のハエでも現代のハエでも、同じ容積のビンの中で生息できる個体数はほとんど変わりません。ところが、人間の場合は、彼らがおかれた時間的、空間的な状況によって、同じ容積のビンの中に住み着ける人口が異なってきます。その理由は、生息水準の高低や環境利用法の変更などによって、人間だけがキャリング・キャパシティーを変えてしまうからです。

そこで、三つめの特性として、人間だけが人口容量に介入し、改良したり拡大することができる、という点が浮かび上がってきます。この特性については、イタリアの経済史学者C・チポラが「人間の人口増加はショウジョウバエの〝人口〟の増殖とはちがった特別な要因をもっている。（中略）人類は少なくともある限度内で、食物や支配力のおよぶ資源を管理して増加させる方法を身につけており、そうすることによって技術的、または組織的な進歩を通じて、自分たちがたまたまその中で生存している〝ビン〟をひろげる」と述べていますが、まさにこの比喩のとおりです（『経済発展と世界人口』）。

人間以外のほとんどの動物は、自ら自然環境に働きかけて、キャパシティーを拡大する能力を持っていません。それゆえ、動物の個体数はキャパシティーの上限に達すると、修正ロジスティック曲線に従って減りはじめ、ゆとりが出てくると一旦は増加しますが、再び壁にぶつかって減少していきます。その後も、外部的な理由でキャパシティーが増えない限り、増減を繰り返していきます。

人間もまた動物ですから、キャパシティーの壁にぶつかれば、同じような動きをみせます。だが、人間はいつまでも増減を繰り返すとは限りません。しばらく壁に抑えつけられている間に、なんとかそれを突破しようと、さまざまな方法を考えるようになります。もともと人間という種には、言語能力を発展させた抽象化能力が備わっていますから、この能力によって周囲の自然環境に新たに働きかけ、より大きなキャパシティーを作りだそうとします。こうした能力こそ文明とよばれているものですが、それによってキャパシティー拡大の見通しがたつと、人間の人口はそれまでの制約を突破して、再び上昇を開始することになります。これは他の動物にはみられない特性です。

以上で述べたように、人間のキャリング・キャパシティーは、他の動物のそれよりはるかに複雑な構造となっています。それゆえ、生物学的な「キャリング・キャパシティー」や「環境許容量」でなく、「人口容量」という言葉を使って、人為的、つまり文化的かつ文明的な容量であることを強調すべきだ、と思います。

「人口収容力」や「人口許容量」でいいではないか、という意見もありますが、「収容力」や「許容量」という言葉には外部から与えられるという受け身の姿勢が含まれますから、あえて中立的な「容量」という言葉を使って、人間が創りだす能動的な意味を表したいのです。改めて英訳するとすれば、Human Population Capacity、あるいはPopulation Capacityとでもするのが適当だと思います。

文化と文明

文化的、文明的と書きましたが、「文化」と「文明」はどう違うのでしょうか。これまで何の説明もしないまま使ってきましたので、ここで改めて定義しておきましょう。

文化と文明の違いについては、哲学、社会学、文化人類学などでいろいろな説があり、必ずしも確定しているわけではありません。だが、昨今では対立的にとらえないで、「文明と文化とは、いずれも人びとの生活様式全般をいい、文明は文化を拡大したもの」（S・ハンチントン『文明の衝突』）というように、連続的なものとしてとらえる立場が広まっています。

歴史的にみても、文化と文明は自然に対する人為を意味するものとして連続した概念となっています。語源的にいうと、文化（culture）はラテン語の「colere（耕す、培養する）」であり、自然のままの大地を耕して農地にすることでした。他方、文明（civilization）は、同じくラテン語の「civitas（都市）」や「civis（市民）」に由来し、都市という装置やそこに住む権利を意味しています。

とすれば、人間が大地に手を加えて農地とし、その周囲にさらに手を加えて村落を作り、それをいっそう拡大させて都市を作る、という過程そのものが「文化から文明へ」の移行を示していると考えられます。

そこで、言語学や現象学などの現代思想では、こうした立場を一般化し、「文化」を「人間が言語やイメージを操るシンボル化能力そのもの、あるいはそれが作りだしたもの」とし、具体的にはある時、ある地域の言語、道徳、慣習、芸術、風俗などの「生活様式」や、それらの基盤にある「時代精神」あるいは「世界観」を示すもの、と考えています。

そして、その延長線上に「人間のシンボル化能力に基づいて作りだされた道具、装置、システムなどやその総体」として「文明」をおき、「ある種の世界観に基づいて作りだされた道具、装置、システムなどとその総体」ととらえます。いいかえれば、石器、土器、武器、機械、建築、都市などの物的道具や物的装置の創作や、政治や法律などの社会制度、経済や行政などの社会システムの設計をさしています。

だが、これでは複雑すぎますから、この本ではより単純化し、文化とは「人間の基盤的、総合的な精神活動」、文明とは「文化を応用して人間が意図的に展開する具象行動」ということにします。このように両者を定義すると、Ⅲで述べた人口抑制装置はタブー、慣習、道徳、価値観といった次元、つまり広義の「文化」に属しています。他方、人口容量を拡大する技術は、石器、農業、工業など物的装置や社会制度などであり、まさに「文明」とよべるものです。

それゆえ、誤解を恐れずにいえば、「文化は人口を抑制し、文明は人口を増加させる」ということもできるでしょう。

マルサスの「人口波動」論

以上のような意味での文明を応用して、人間は自然環境に働きかけますから、人口容量は一定規模で留まっているのではなく、次々に拡大していくことになります。人口容量が拡大すれば、人間の人口もまた一つの修正ロジスティック曲線で終わるのではなく、新たに作りだした次の曲線をたどるようになります。こうして、人間の人口は一つの修正ロジスティック曲線から次の曲線へ、次々に階を重ねていくことになります。そこで、この多段階曲線を筆者は「人口波動（Population Wave）」と名づけました。

「人口波動」などというと、はなにやら怪しげな言葉と思われるようです。確かに世間では「波動」という言葉をオカルト用語として使っていますから、その上に「人口」が載っても、理性的な用語ではない、と思われているのでしょう。

　ましてこの波に関する理論を、筆者は「人口波動説」と命名していますから、まったくうさん臭い学説のように思われています。実際、ウェブネット上に書き込まれた、拙著への批評や感想などには、そうした文章が数多く見られます。

　にもかかわらず、筆者はなおこの言葉にこだわります。一つの理由は、V、VIのグラフを素直にみる限り、人間の人口は明らかに波をうっている、と思えるからです。二つめに、この考え方は単なる思いつきではなく、すでに二〇〇〇年の歴史を持っているからです。そして三つめに、こうした立場をあえて「人口波動説」とよぶのも、天動説や地動説と同じように、これまた一つの仮説でしかない、という立場を強調しておきたいからです。……というわけで、幾分謙遜《けんそん》の意味をこめて、筆者はこの言葉を使っているのですが、どうやらそれが真面目な読者の感情を逆なでするようです。とりわけ書物から有名思想家の権威を借用しようとする読者層には極めて不評であり、過激な批判が絶えません。

　そこで、そうした読者のためにあえて申し添えますが、「人口波動」を初めて提唱したのは、さきにあげたR・マルサスであった、といっておきましょう。かの名著『人口論』の著者であったといえば、少しは信用してもらえるのではないでしょうか。

　マルサスは、先に述べた『人口論』第六版の中で、人口と生活資料の間のバランスが崩れた時、「能動的抑制」と「予防的抑制」の二つの抑制現象がはじまるが、同時に生活資料の水準を高めようとする「人為的努力」もはじまるため、新たに出現する均衡状態は、以前より高い水準で達成される、と説明しています。

このうち、人為的努力とその結果については、「農耕者は耕地により多くの労働を使い新しい土地を開墾する。また、すでに耕作している土地の肥料をふやし、その改良をする。そうなったとき、生活の資料と人口は、当初われわれが出発した時点と同じような比例になる。そうなれば、労働者の地位もまた相当によくなるから、人口に対する抑制はある程度までゆるめられる。幸福に関するこのような逆転進展両面の運動はくり返して行なわれる」と述べています。

要約しますと、〈人口増加→不均衡発生→人為的努力→人口抑制緩和→人口増加〉という一連の現象が、循環的に現れるということです。そこで、マルサスはこのサイクルを「オシレーション（Oscillation）」と名づけましたが、これこそ「人口の長期的推移は波をうっている」ということを、初めて理論的に指摘したものでした。オシレーションという言葉は、経済学の教科書では「循環」と訳されていますが、もともとの意味は「振動」「波動」ですから、素直に意訳すれば、「人口波動」という言葉がふさわしいと思います。

いかがでしょうか。これで少しは納得いただけたでしょうか。「それでも、なお信じがたい」という読者のために、もう一言、マルサス自身の言葉を紹介しておきましょう。

「この種の波動は、おそらく普通の人の目には、はっきり見えないであろう。そして、最も注意深い観察者にとっても、その期間を計算することは困難であろう。しかし、大多数の古い国々では、筆者の記述よりもはるかに不鮮明ではるかに不規則ではあっても、この種の変化が存在することを、この問題を深く考える思慮ある人ならば、誰も疑うことはできない。」

人口問題を真剣に考える、思慮深い人であれば容易に理解できる、とマルサスはいっているのです。

人口波動は文明波動

マルサスの「人口波動」論には、生活資料、労働者の地位、人為的努力といった言葉が含まれています。本書の文脈でいえば、「生活資料」は「人口容量」に、「労働者の地位」は「生息水準」に、「人為的努力」は「文明」におおむね相当します。この視点で人口波動と人口容量の関係を整理してみると、次のように説明できます。

まず人口容量は、次の式で表すことができます。

$$V（人口容量）=\frac{N（自然環境）\times C（文明）}{L（人間1人当たりの生息水準）}$$

言葉で説明しますと、人口容量とは、自然環境に人間が文明で働きかけて作りだした総人口容量を、一人の人間がどれだけ使うかによって決まるものだ、ということです。

この式の右辺は次のように変形できますから、N（自然環境）をL（人間一人当たりの生息水準）で割ったN／Lをn（自然が養える人間の量＝自然容量）と定義しなおすと、大局的な人口容量は次のような式で説明できます。

$$V（人口容量）=\frac{N}{L}×C=n（自然容量）×C（文明）$$

要するに、人口容量とは自然容量と文明が掛け合わされたものです。自然が養える人間の数を文明の力でどこまで増やせるか、ということです。

ここでいう自然容量には、野や山、川や海、植生や動物分布、地上資源や地下資源などはもとより、天候や気候、気温や降水量なども含まれています。また文明には、モノを利用する技術や文化はもとより、交換や財貨を動かす経済のしくみ、さらには集団や国家を動かす政治のしくみも含まれています。

二つの要素のうち、前者の自然容量は、天体や地球の動きによって支配されており、人為的に介入することは極めて困難です。地理的条件から気象的条件まで、それらは所与のものとして、人間の前に現れています。とすれば、人間が自ら人口容量に介入できるのは、文明だけということになります。いいかえれば、自然容量がいかに変動しようとも、人間が新たな文明を創りだし、その利用方法を変えることができれば、人口容量もまた大きく拡大できる可能性が生まれてくる、ということです。

全く新たな文明によって自然容量への対応が変わり、人口容量の拡大見通しが立つようになると、それ以前の容量の下で抑えつけられていた人口は再び増加しはじめ、もう一度飽和から減少へのプロセスをたどることになります。

このように考えると、人口波動とは結局のところ、文明の波動ということになります。新しい文明が創造されて、自然環境の利用方法が大きく変わる度に、新たな人口容量が次々に生まれてくるからです。

「人口波動」という仮説

これが筆者の提唱する「人口波動説」です。マルサスの「人口波動」論を継承しつつ、その後の諸研究をとり入れながら、現代的に解釈し直したものですが、整理してみると、次のように要約できます。

① 歴史的にみると、人類の長期的な人口推移は何度か波を打っている。
② 波が生まれるのは、人口容量が変わるからである。
③ 人口容量が変わるのは、人間が新たな文明を創造して、自然容量を改良したからである。
④ 人口容量が拡大すると、人口は容量の上限まで増加していくが、満杯になると停滞し減少していく。
⑤ 一つの人口容量を作りだした文明によって、その容量を利用する人間の生息形態や生息水準も変わってくる。

このように、人口波動とは人間という動物がその数を増やすために、自然環境をどのように利用してきたか、という時間的な推移を示すものです。いうまでもなく、こうした考え方も一つの仮説にすぎません。そこで、V、VIでは、この仮説を実証するため、世界と日本の人口推移と文明との関係を分析してみましょう。

V　人類の五つの波

現代の人口波動説

「人口波動説は仮説にすぎない」と前章で書きましたが、まったく検証できないわけではありません。マルサスの生きた時代には、過去の人口推移を推測する方法が整っていなかったのですが、二〇世紀も後半になるとさまざまな推計が行なわれるようになってきたからです。そこで、欧米の人口学者の間では「世界人口の長期推移には波動が発見できる」という指摘がしばしば行なわれるようになりました。

まず一九六〇年にアメリカの生態学者E・ディーベイが、人類史には人口の急増期が三回あったと指摘し、一回めは紀元前一〇〇万年前の道具の発明によるもの、二回めは紀元前八〇〇〇～四〇〇〇年の農業と都市の開始によるもの、三回めは一八世紀の科学と産業の開始によるもの、と述べています（*The human population*）。

続いて一九七八年にアメリカの人口学者C・マッケブディとR・ジョーンズも、三つの波を指摘しています。第一の波は紀元前一万年前から西暦五〇〇年ころに至る「原始サイクル」で、前五〇〇〇年ころの「鉄器の発明」と「農業革命」によって達成されたもの、第二の波は、五〇〇年ころから一四〇〇年ころまでの「中世サイクル」で、ヨーロッパの封建制や中国王朝の隆盛化のもとで達成されたもの、そして第三の波は、一四〇〇年ころから現代を経て二二〇〇年ころまで続く「現代サイクル」で、「産業革命」によって達成されたものだ、というのです（*Atlas of World Population History*）。

また一九七九年にフランスの人口学者J・ビラバンは、紀元前四万年からの世界の人口推移を推定したうえで、少なくとも五回の人口爆発があった、と指摘しています。第一回は紀元前四万七〇〇〇～四万年ころの中期旧石器時代から後期旧石器時代への移行期、第二回は前八〇〇〇～五〇〇〇年ころの旧石器時代から新石器時代への移行期、第三回は前四〇〇〇年～紀元前後、第四回は西暦八〇〇～一二〇〇年、第五回は一七〇〇年から現代まで、の五回です（*Essai sur l'Évolution du Nombre des Hommes*）。

三つの説では波動の発生時期が幾分異なっていますが、世界の人口推移に何度か波があったという点は一致しています。またそれぞれの波動の背景として、文明の影響が指摘されています。このことは「人口が波をうつ」という事実に加え、「地球の人口容量が何度か変わった」ことを意味しています。地球を一つのビンと考えると、人間がその容量を何度か変えてきた、と理解できるからです。人口容量とはまことにつかみにくい概念ですが、ここには間違いなく、最も大きな容量の動きが現れています。

以上のように考えると、マルサスの人口波動説は、約二〇〇年後に至って、ようやく世界人口の推移から実証されはじめている、といえるでしょう。

世界の人口波動

世界人口の超長期な推計では、以上にあげた三人に加え、一九六七年にはイギリスの経済学者C・クラークが、一九七七年にはアメリカの人口学者J・デュランが、一九八六年にイギリスの農学者K・ブラックスターが、一九九三年にアメリカの経済学者M・クレマーが、それぞれ推計値を発表しています。このうち、クラーク、デュラン、ブラックスターの数字にはビラバンの推計と、またクレマーの数字にはC・マッケブディとR・ジョーンズの推計とほぼ同じ傾向が現れています。

そこで、筆者はビラバンの推計を底本に、時点によってはより妥当と思われるクラーク、国際連合資料などの推計結果を組み合わせ、より長期的な視点から一貫性のある数値に整理し直してみました。約四万年前を基点に、古代、中世、近代を経て、現代から二二世紀に至る、ほぼ五万二〇〇〇年間を対象にしたものですが、採用した数値は巻末にあげてあります。

図表５－１　世界人口の推移（縦軸：正対数、横軸：逆対数）

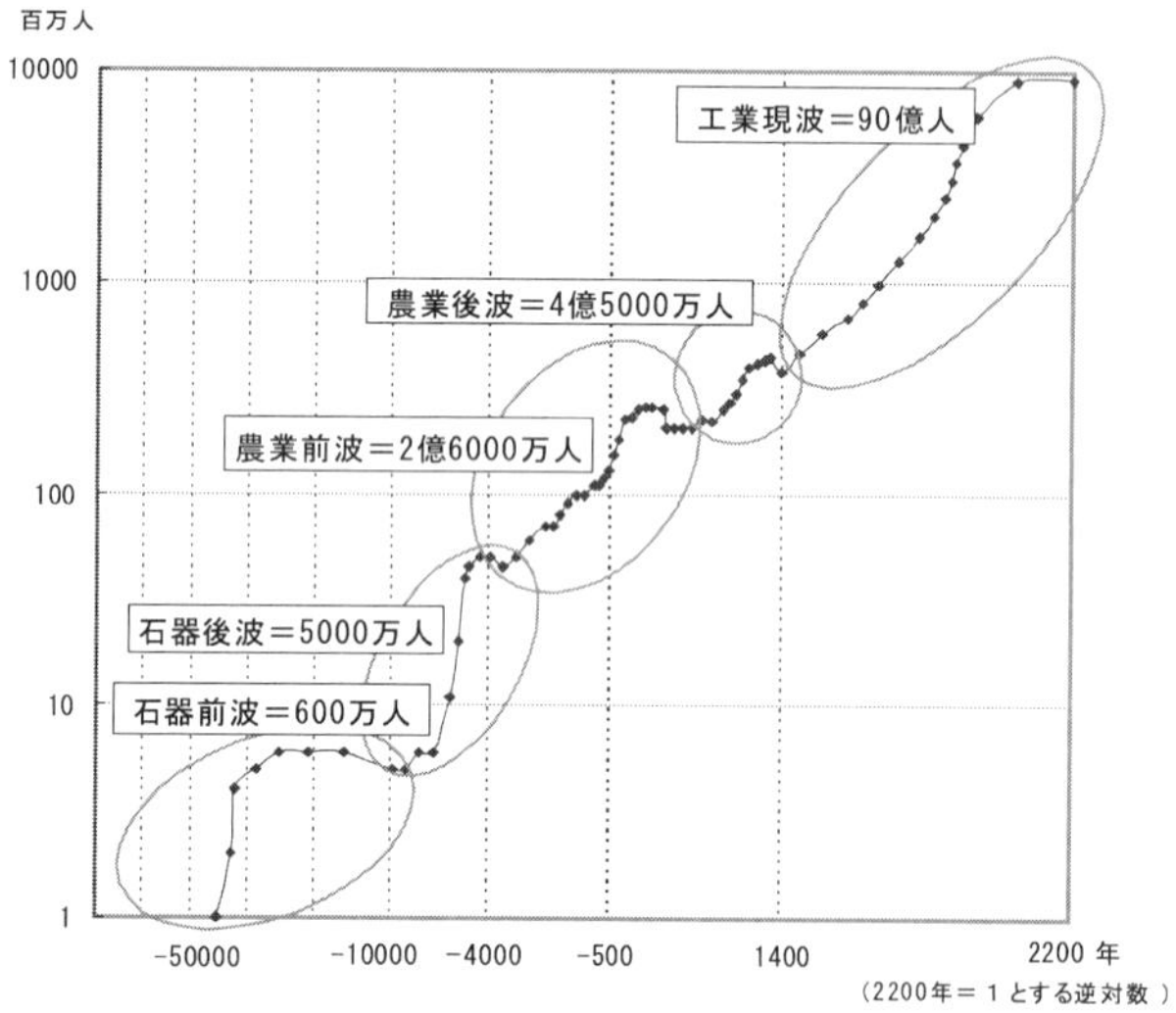

こうした超長期的な人口推移を一目で理解するには、グラフにするしかありません。だが、縦横軸が均一尺度の単純なグラフでは、極端な急カーブになってしまいます。そこでちょっと工夫して、縦軸を正対数、横軸を逆対数にしてみます。

なぜかといえば、石器時代にはごく少数の人口が長い時間をかけて増加し、逆に現代では膨大な人口が短時間に急増している、という事情があるからです。これを同じ尺度で測っていては、微妙な変化を見逃してしまいます。そこで、古い時代ほど人口は拡大、時間は縮小し、逆に新しい時代ほど人口は縮小、時間は拡大する、という方法を採用したのです。

こうすると、図表５－１に示したよう

に五つの波がみえてきます。世界の人口が間違いなく波をうっているのがわかります。要するに、マルサスの提起した「人口の波動」とは、縦横均一尺度のグラフで発見するのは難しいけれども、少しグラフを工夫すれば容易にみつかる、ということです。

では、この五つの波はなぜ生まれたのでしょうか。それはマルサスが指摘したように、人間の作りだす文明によって、人口容量が次々に拡大したからです。つまり、先の〔V（人口容量）＝n（自然容量）×C（文明）〕は〔世界の人口容量＝地球の自然容量×文明〕という式になりますから、右辺の文明が石器文明、農業文明、工業文明と進むにつれて、人口容量が次第に増加してきたということです。

そこで、五つの波に名前をつけることにしましょう。紀元前四万年にはじまる約六〇〇〇万人の波を「旧石器文明」による「石器前波《ぜんぱ》」、前一万年にはじまる約五〇〇〇万人の波を「新石器文明」による「石器後波《こうは》」、前三五〇〇年にはじまる約二億六〇〇〇万人の波を「粗放農業文明」による「農業前波」、西暦七〇〇年にはじまる約四億五〇〇〇万人の波を「集約農業文明」による「農業後波」、一五〇〇年にはじまる約九〇億人の波を「近代工業文明」による「工業現波《げんぱ》」、と名づけます。

一番めと二番めの波は旧石器と新石器という石器文明に、三番めと四番めは粗放農業と集約農業という農業文明にそれぞれ基づいているという意味であり、また最後の波は工業文明に基づく「現在」の波を示しています。この五つが世界の人口波動です。

以下では、この五つの波動について、それぞれの人口容量とその成立・飽和要因を考えてみましょう。

石器前波…石刃技術の時代

私たち現世人類と同じ特徴を持った新人（ホモ・サピエンス・サピエンス）が地球上に登場してきたのは、今から約五万〜三万年前のウルム第一亜間氷期だといわれています。彼らによって前四万年ころ開始された「石器前波」は、前一万年ころまで約三万年間続きました。この間に、地球上の人口は五〇万〜六〇万人から六〇〇万人前後へ、およそ一〇倍に増加したものと思われます。

六〇〇万人の人口容量は、どのような文明が作りあげたのでしょうか。当時の地球は、前一一万五〇〇〇年からウルム氷期が続いており、前七万〜五万年は寒冷な亜氷期、前五万〜三万一〇〇〇年はやや温暖な亜間氷期、前三万一〇〇〇〜一万一〇〇〇年は寒冷な亜氷期でした。このうち前五万年からのやや温暖な亜間氷期に乗じて、アフリカ、アジア、ヨーロッパなど旧大陸の各地に現れた新人たちが、考古学で「後期旧石器文化」とよばれている石器文明を創りました。Ⅳで述べた定義によれば、ここでいう文化は文明に近いものです。

この文明は、それに先立つ前期、中期の旧石器文化を引き継いだものです。前期旧石器文化とは、約二〇〇万〜一〇〇万年前に現れた原人（ホモ・エレクトゥス）の文明、つまり礫《れき》石器、握斧《あくふ》系石器、打割《うちわり》石器などであり、また中期旧石器文化とは、約二〇万年前に登場した旧人（ホモ・サピエンス・ネアンデルタレンシス）の文明、つまり尖頭《せんとう》器、スクレーパー、ナイフなどの剝片《はくへん》石器をさしています。

前期から中期にかけての旧石器人は、これらの打製石器や粗製の磨製石器を中心に木、角、骨、牙などを用いた道具も作りだして、草原でナウマンゾウやオオカモシカなど大型哺乳類を狩猟したり、山野で野草や果実などを採集し、生活資料を獲得していました。いわゆる狩猟・採集文明ですが、土器はまだ発明していませんし、牧畜や農耕も知らなかったようです。

後期の旧石器人は、二つの石器文化を継承して、新たに石刃《せきじん》文化を作りました。石刃というのは、細く長い台形の、かみそりのような鋭利な刃を持つ石片のことです。自然礫を打ち砕いて円錐形あるいは円筒形の石刃核をまず作り、その一端を鹿角のハンマーで強く打って石刃を剝ぎ落とします。一個の石刃核から同形の石刃が一〇個以上も量産できますから、それを加工してナイフ、彫刻刀、錐《きり》、槍先などの工具や武器を作るのです。

こうした工具は骨、角、皮革、木材への加工を容易にし、生活を豊かにする、さまざまな道具類を発達させました。とりわけ、鹿の角を削って作った投槍《なげやり》器は、狩猟生活を一変させました。三〇センチほどのトナカイの角の一端に鉤《かぎ》をつけ、そこに投槍を装着して飛ばすと、遠心力でかなり遠くの獲物まで射止められるようになったからです。

後期旧石器文化という文明の創造で、地球上の人口は前三万五〇〇〇年ころから増加しはじめ、前三万年に五〇〇万人を超え、前二万五〇〇〇年ころ六〇〇万人に達したものと推定されます。これらの増加のほとんどが、アフリカとユーラシアという旧大陸でした。

しかし、その後は六〇〇万人前後で停滞したようです。原因は自然条件と文明の両方にありました。自然条件では、前三万一〇〇〇年以降、地球の気候は徐々に低下し、前二万三〇〇〇〜一万一〇〇〇年は寒冷な亜氷期に入った後、前一万一〇〇〇年ころから逆転して温暖・湿潤化し、さらに前一万九〇〇〇年から前九五〇〇年は、北欧でアレレード期と名づけられた温暖期になったからです。

気候の逆転が、当時の生活環境を変えました。湿潤化が進んで降雪量や降水量が増大してくると、ナウマンゾウなどの生息地である草原は、冬には雪に覆われ、夏には凍土が融《と》けた湿原となって草地が激減し、さらに広がりはじめた森林に次第に浸食されました。その結果、ヨーロッパでマンモスが絶滅しています。

他方、石刃文明は捕獲技術を飛躍的に高めましたから、旧石器人は次第に乱獲へ走るようになり、大型哺乳類の減少を加速させました。文明の進歩が逆に人口容量の天井を招いたのです。

こうして人口は約一万年間停滞し、その後も五〇〇〇年間減少していきます。

石器後波…細石刃技術の時代

しかし、紀元前一万年前後から、人口は再び増加しはじめます。先に「石器後波」と名づけたこの波は、前一万年ころから前三五〇〇年にかけて約六五〇〇年間展開されました。この間に地球の人口容量は六〇〇万人から五〇〇〇万人へ、約八倍に増加しています。

この増加もまた、自然条件と文明の新たな融合が作りだしたものです。当時の気候を振り返ってみると、前八〇〇〇年ころから次第に上昇した気温は、前六〇〇〇〜三〇〇〇年はクライマティック・オプティマム（気候最適期）とよばれる高温期に入りました。他方、文明の方でも、気温の上昇に促されるように、アフリカとユーラシア大陸の各地で、細石刃《さいせきじん》に代表される「中石器文化」が発達してきます。

細石刃というのは、後期旧石器時代の石刃技法が発展したもので、石器文明の一大革命でした。というのは、石刃を小型化した細石刃は、鏃《やじり》や銛《もり》などの狩猟具として単独にも用いられましたが、さまざまに組み合わされて多様な道具を創りだしたからです。たとえば、木や骨の柄に掘った溝に鋭い石刃を並べて樹脂などで固め、魚を捕る銛や草刈り用の鎌などが作られています。またシベリアや中国では、大量に生産された細石刃を骨角器にはめこんで、新様式の投槍を開発しましたから、狩猟の生産性が著しく高まりました。

組み合わせ石器の登場は、細部で全体を作りあげるという、新しい観念の発達を示しています。その結果、石器自体にも半月形の細石刃、石刃、石皿《いしざら》、石杵《いしきね》など、用途によって使い分ける、さまざまな群が登場してきます。

自然条件の変化と新たな石器技術が、新しい人口容量を作りました。気候変動に伴う植生の変化が、それ以前の生活資料の中心であった草原の大型哺乳類群に代わり、森林に生息する単独生のノロジカ、イノシシ、ヘラジカなどに変わりました。加えて、新たに海産魚の捕獲、貝類の採集、水鳥の狩猟なども行なうようになりました。この捕獲・採集文明によって、地球上の人口は前四五〇〇年ころ、五〇〇〇万人に達したものと思われます。

しかし、中石器技術の作りだした人口容量もそのあたりが限界だったようです。自然条件はなお高温を維持していたにもかかわらず、捕獲・採集文明の限界化ゆえに、人口は以後一〇〇〇年ほどの間、停滞状況に陥っていきます。

農業前波…新石器革命の時代

続いて起こった「農業前波」は、紀元前三五〇〇年から西暦七〇〇年にかけての約四〇〇〇年の波です。この波によって、地球の人口容量は五〇〇〇万人から二億六〇〇〇万人へ、約五倍に増加しました。

二億六〇〇〇万人の人口容量も、当時の自然と文明の賜物《たまもの》です。このころの気候をみると、前三〇〇〇年ころに気候最適期が終わって、次第に寒冷・湿潤化が進み、前二〇〇〇年ころには現在とほぼ同じ水準になっていました。その後しばらくはこの状態が続き、前三〇〇年に至ってやや冷涼で湿潤な気候となったものの、それ以降は徐々に回復して、紀元前後には現代よりやや温暖になりました。

他方、文明の方も、この時代には磨製石器に代表される新石器文化が開発され、打製石器だけだった旧石器時代から大きく飛躍しています。また打製石器そのものも、石英の一種であるフリント製の精巧な石器が使用され、さらに各地で土器の製作と使用がはじまり、最終的には青銅器も出現しました。

こうした新石器文化によって農耕と家畜飼育が普及しはじめると、生産形態はそれ以前の捕獲・採集から自給自足の食糧生産へ、急速に移行していきます。もっとも、農耕や家畜飼育の開始は、この時期に突然はじまったのではなく、ユーラシア大陸の各地では、それ以前から徐々に準備されていました。

一番古い西アジアでは、前九〇〇〇～七〇〇〇年ころに、ティグリス川とユーフラテス川周辺の「肥沃な三日月地帯」とよばれる地域で、大麦や小麦の栽培が開始されています。この地域では、前七〇〇〇〜六〇〇〇年に土器が登場し、前四〇〇〇年ころから青銅器時代に入っています。ヨーロッパでは、前五〇〇〇〜三〇〇〇年に小麦を中心とする農耕と、牛、豚、山羊、羊などの家畜飼育がはじまり、また土器の使用も開始され、前三〇〇〇〜二〇〇〇年に青銅器時代に移行しています。一方、中国では、前五〇〇〇〜四〇〇〇年に南部では稲、北部では粟の農耕がはじまり、豚や食用犬の家畜飼育も開始され、遅くとも前二五〇〇年に青銅器時代に入っています。

このようにして、人類は前三〇〇〇年前後までに東西で粗放的な農業生産の時代に入りました。〝粗放〟というのは初期的、原始的という意味ですが、こうした農業の導入で食糧生産は飛躍的に拡大し、人口容量は急速に拡大しました。同時にそれが生み出した食糧の余剰分が、やがて聖職者や専門技術者を生み出し、続いて階級を作り出し、さらにその延長線上で都市や国家の誕生を促します。このため、農業の誕生を「新石器革命」とよぶ考古学者もいるほどです。

都市の誕生は、前五〇〇〇年代にはメソポタミア東部中央のジャルモと、パレスティナのヨルダン川西岸のイェリコ、前二〇〇〇年代にはメソポタミア南部のウルとインダス川右岸のモヘンジョ・ダロ、さらにナイル川や中国の渭水《いすい》などの周辺でみられました。いずれも乾燥地を貫く大河の、沖積平野に近い台地の先端に立地し、平野の畑作農業を基盤にして成立したものでした。

粗放農業の限界

農業革命が各地に波及するにつれて、地球上の人口は前二五〇〇年ころから増えはじめ、前五〇〇年ころから急増に移って、紀元前後には二億六〇〇〇万人に達しました。二億六〇〇〇万人の地域別内訳は、アジア七四%、ヨーロッパ一五%、アフリカ九%、アメリカ大陸一%、その他一%であったと推計されています（C・クラークの推計）。しかし、ここまで急増した人口も、その後は西暦三〇〇年ころまで横ばいとなり、さらに四〇〇年ころには二億人前後に落ち、以後約三〇〇年の間、この状態が続きました。

下降要因の第一は、やはり気候の悪化でした。当時の気候は、紀元前後から西暦三〇〇年にかけて次第に冷涼化し、三〇〇～五〇〇年になると寒冷化を強めています。当時の人口容量が農業を基盤にしていた以上、気候の悪化は従来以上に容量の増減へ影響し、不作や飢饉を引き起こしたものと思われます。

第二の要因は、当時のヨーロッパ世界が、政治的にも一大混乱期だったことです。二七五年のゲルマン民族の侵入から、三九五年のローマ帝国の東西分裂を経て四七六年の西ローマ帝国の滅亡に至る一世紀は、いまだ粗放段階にあった西ヨーロッパの農業に、強烈な痛手を与え、人口容量を拡大する生産力を奪い去ったのです。

五〇〇年代に入ると、気候は再び回復し、七〇〇年に向けてかなり温暖化が進みましたが、それにもかかわらず、人口容量が回復しなかったのは、ローマ帝国解体後の政治的混乱が続いていたことに加えて、粗放的な農業技術が最初の限界に達し、新たな技術革新を招くまでには至っていなかったためでした。

農業後波…農業・都市革命の時代

西暦七〇〇年にはじまる「農業後波」は、一五〇〇年までの約八〇〇年間の波です。この間に地球の人口容量は二億六〇〇〇万人から四億五〇〇〇万人へ、約二倍に増加しました。

この人口容量を作ったのは、主として文明の力でした。当時の気候をみると、八～一〇世紀は比較的温暖でしたが、一〇〇〇年を超したころから冷涼化や乾燥化が進行し、一四世紀には現在より一・五～二度低い水準まで落ちこみました。が、一四〇〇年前後には幾分回復して、現在より一度ほど低い水準にまで戻っています。このように気候の影響はわずかなものでしたから、文明の方が洋の東西で大きく動きました。

当時のヨーロッパは、一〇世紀にイスラム教徒が南イタリアやスペインに、またマジャール人が東ヨーロッパへそれぞれ侵入し、さらに一〇～一一世紀には北からはノルマン人の襲撃が相次いで、北、南、東から強敵に取り囲まれた状況でした。このため、九〜一一世紀の間は人口も停滞していましたが、一〇〇〇年を超えるころから、封建制という新しい政治体制、集約的な農業技術、そして商業都市という新たな経済体制の三つが絡み合って、中世西欧文明を作りだします。

北ヨーロッパでは、七〜一一世紀にかけてライン川とロアール川にはさまれた地域で、「中世農業革命」とよばれる、生産性の高い農業技術が発展し、次第に北西ヨーロッパ全体に広がっていきます。それは鉄製農具の普及、三年に一度耕地を休ませる三圃《さんぽ》制《せい》農法の拡大、農耕への牛馬の利用などによる、集約的な農業技術でした。

また西ヨーロッパでは、八〜九世紀ころから徐々に登場していた封建領主たちが、一一〜一二世紀になると、各地の荘園から生産物や年貢を徴収する荘園領主権と、地域の裁判権を持つ裁判領主権を併せ持つようになり、石造の巨大な城郭を建てて地域全体を支配するようになりました。これを基盤にして領主たちは、積極的に周辺地域を開墾し、さらに東方への植民を展開しましたから、農業用地は次第に拡大し、いわゆる「大開墾の時代」となりました。

農業革命や大開墾が定着すると、一〇〇〇年ころから各地の人口が増えはじめ、同時に商業活動を刺激して都市の形成を促します。これらの都市の多くは商業の拡大や十字軍の遠征などで発展し、次第に貨幣経済の強固な担い手に成長していきます。その結果、モノを媒介とする物々交換は、次第に貨幣経済へ移行していきました。

中国の農業・都市革命

他方、東洋の中国では、七五五〜七六三年の安禄山《あんろくざん》・史思明《ししめい》の乱以後、二〇〇年以上にわたって分裂状態が続いていましたが、九六〇年に宋の太祖《たいそ》が統一を果たします。宋の政治体制は、地方軍閥が握っていた軍事・財政・司法等の権限を取り上げて「強幹弱枝策《きょうかんじゃくしさく》」を推進し、さらに宰相等の権限を分散して皇帝のみが全権を掌握するという、強力な君主独裁体制を再建するものでした。

この権力を背景に、江南の農業開発が進められた結果、新たな集約農業が育ってきます。唐代までに発展していた農機具を背景に、江南へ移住する農民を増やし、南のベトナムから占城稲《せんじょうとう》という早稲を導入して米と麦の二毛作を成立させ、さらに稲ができない地域では茶、果樹などの換金作物を栽培させて、農業生産を飛躍的に増加させました。

また経済的には、強力な貨幣税制を採用して、商業を飛躍的に発展させました。遠隔地商業を専門とする客商、都市に常住して店舗をかまえる坐賈《ざこ》、仲買を業とする牙人《がじん》など、さまざまな商人が出現しました。また大都市では業種ごとに行《こう》という商人組合や、職人たちの行や作という同業組合が結成され、次第に強力になっていきます。

商業の発展に伴って、各都市では手工業製品の生産も増加し、江西や福建の茶、江西・景徳《けいとく》鎮《ちん》や河北・磁州の陶磁器、温州の漆器、湖州の筆、徽州《きしゅう》の墨、四川の製紙業など特産物も生まれました。さらに金、銀、銅、鉄、鉛、錫《すず》などの鉱山の開発も進み、その生産額は唐代の一〇～数十倍に達しました。

商業の発展は中国の都市の性格を変えました。従来は政治都市や軍事都市だけでしたが、この時期以降は活気に満ちた商業都市や娯楽都市が増加しました。また村落でも草市《そうし》とか村市と呼ばれる定期市が立ち、それが成長して市や店などの市場町となりました。さらに軍隊の駐屯地であった鎮は軍事的機能を失って農村交易の中心となり、都市と農村を結ぶ中継点に変わりました。貨幣経済や都市の発達で中国の人口は急増しはじめ、一一世紀初頭の六四〇〇万人から、一二世紀には一億二三〇〇万人へと一気に倍増したのです。

以上のように、東西双方における農業革命と商業経済・商業都市の発展が、地球上の人口容量を広げた結果、世界の人口は八〇〇年ころからようやく増加しはじめ、一〇〇〇年ころに二億五〇〇〇万人台に達し、その後急増して、一三四〇年ころに四億五〇〇〇万人へと倍増したのです。この時点での人口分布は、アジア五一％、ヨーロッパ二一％、アフリカ一九％、アメリカ大陸八％であったと推定されています（C・クラークの推計）。

中世農業革命の限界

ところが、一三〇〇年代の後半から一転して人口は急減していきます。ヨーロッパでいえば、一三四〇年ころに約七四〇〇万人に達した人口は、その後一〇年間で約五一〇〇万人に急減し、以後一五〇〇年ころの六七〇〇万人まで低迷しました。

直接の理由は、ヨーロッパを襲ったペスト（黒死病）でした。ペストは保菌鼠（クマネズミ）から伝染する病ですが、一三世紀に十字軍が東方へ、蒙古が西方へと進んでいたため、東西を結ぶシルクロードに乗って、次第に西へと伝播《でんぱ》しました。一三四七〜四八年、イタリア、フランスに上陸し、三年余の間に全ヨーロッパを席巻《せっけん》しました。その後も一三五〇年代、六五年前後、八〇年代前半、九五年前後と、ほぼ一〇年間隔で流行を繰り返した結果、ヨーロッパ全体で一〇〇年間に約二〇〇〇万人が死亡し、一四世紀末まで死亡数が出生数を上回る状態が続きました。

このように書くと、ヨーロッパの人口は、ペストだけで急減したようにみえますが、そうではありません。根本的な要因はあくまでも人口容量の飽和化でした。フランスの歴史人類学者E・ル・ロワ・ラデュリは「西ヨーロッパの農村社会、要するに社会全体は、紀元七世紀以来、人口増大の過程にあり、ことに一〇〜一一世紀以降は確実にそうであった。ところが、一三〇〇年代、より一般的には一四世紀前半になると、危機の様相の下に、この人口増大を妨害しようとする対抗的な諸要素が現れる」（『新しい歴史』）と指摘しています。つまり、一一世紀以降の大開拓時代が終わり、中世の農業革命の成果も一応出尽くして、人口容量がそろそろ飽和に向かったということです。

このため、一三〇〇年ころのヨーロッパでは、食糧生産力が飽和状態に近づき、農地は条件の悪い土地にまで広がっていましたから、気候が少し悪化しただけで、直ちに凶作と飢饉が現れました。また耕地面積の無理な拡大で森林、牧草地、採草地が縮小し、家畜の飼育や量も減少したため、地力が低下してかえって穀物生産が減少しました。こうした農業環境のもとで人々の栄養状態が悪化し、一三〇七年ころからヨーロッパ各地ではすでに飢饉や伝染病が広がっていたのです。

ペストの大流行は、以上のような農業環境の悪化とそれに伴う栄養状態や衛生状態の混乱につけいったものでした。また貨幣経済の浸透で商業や貿易が拡大し、商業都市が発達していましたから、これがさらにペストの流行を拡大させました。ペストは国際貿易網をたどって広まったうえ、人口密度の高い商業都市に伝染すると、爆発的な流行を引き起こしています。そうした意味で、ペストの流行は農業後波の農業技術や経済システムがたどりついた、いわば必然的な結果だったともいえるでしょう。

一方、中国では、一二三〇年代以降、元の攻撃で約三〇年間戦乱が続き、国土は荒廃し人口は激減しました。一二七九年、ついに宋が滅亡すると、以後一三六七年まで中国本土は元の支配となりました。元朝の一〇〇年間は、表面的には華やかに国際化が進みましたが、政権の内部では族長たちの暗闘が続き、また漢民族は下級官僚に進出できるだけでしたから、政治や経済は混乱に陥っていきました。その結果、社会は停滞し続け、人口も一二〇〇年の一億二三〇〇万人から、一三世紀末には五四〇〇万人へと半減しました。

以上のように、商業経済や商業都市によって拡大した農業後波の人口容量は、それらの限界を迎えるとともに、疾病の猛威と異民族の侵入という、東西双方で起こった自然・社会環境の変化によって限界を迎えたのです。

工業現波…産業革命の時代

その後、一五〇〇年ころから新たな波動がはじまります。「工業現波」と名づけたこの波動は、現代を経て二一五〇年に至る約七〇〇年の波です。この間に、地球の人口容量は四億五〇〇〇万人から、現在の六七億人へと約一五倍に急増し、今後はさらに九〇億人前後まで増加していくものと予測されています。

九〇億人に近い人口容量を生み出した要因もやはり文明の力です。この間、一六～一八世紀の気候は現在より〇・五～一度ほど低かったのですが、一九世紀後半から上昇しはじめ、二一世紀初頭に現在とほぼ同じ水準に達しました。その後、一九三〇年代に過去六〇〇年間のピークを示しましたが、一九五〇年代に現在とほぼ同じ温度に戻って、以後はその水準が続いています。こうした気候の温暖化が食糧生産を増加させ、人口容量の増加を促したことは充分に考えられることです。

だが、それ以上に大きかったのは、近代合理主義精神とそれに基づく科学技術革命、つまり文明の大転換でした。一五世紀にイタリアで勃興し、一六世紀に北ヨーロッパへ波及したルネサンスと、それが生み出した近代合理主義の精神は、さらにその延長線上で一七世紀にイギリス革命、一八世紀末にフランス革命を引き起こし、ついに一八世紀中葉からはじまる産業革命によって農業後波の物量的制約を大きく突破したのです。

産業革命はまず一七四〇年代にイギリスで開始され、ヨーロッパからアメリカへ、そしてロシアや日本へと波及し、一八八〇年代の終わりまでに、各国の産業構造を根底から塗り変えました。この革命によって、科学技術による工業生産の拡大はもとより、それを応用した農業生産の拡大や、交通技術の飛躍的向上による食糧輸送圏の拡大などが進行すると、地球上の人口は一九世紀初頭から増加しはじめ、二一世紀に入ると急上昇して、すでに六六億人を超えています。現在の分布状況は、アジア六〇%、ヨーロッパ一一%、アフリカ一四%、アメリカ大陸一四%、オセアニア一%となっています。

今後の見通しはどうでしょうか。国際連合人口部の『二三〇〇年への世界人口』によると、二〇五〇年には八九億人、二一〇〇年には九〇億人に達しますが、そのあたりが限界で、二一五〇年には八五億人に減少すると予測されています。とすれば、現在の世界人口は未だ工業現波の上昇過程のまっただなかにあることになります。

工業文明の限界がくる

だが、途上国、後進国の人々が先進国なみの生活をするようになれば、食糧・資源問題、環境問題などが急拡大し、八〇億人程度で限界に達するとの見方もあります。

アメリカのシステム科学者D・L・メドウズをリーダーとする「成長の限界」グループは、二〇〇三年にシステム・ダイナミックス・モデル「ワールド3-03」を駆使して、一九〇〇〜二一〇〇年の世界の状況を、さまざまな条件のもとでシミュレーションしています（『成長の限界　人類の選択』）。

その結果として得られた一〇通りのシナリオのうち、もっとも理想的なシナリオでは、二〇〇二年からさまざまな対応が進めば、地球上の人口は二〇五〇年ころに八〇億人弱でピークに達し、二一世紀の終わりまで、望ましい物質的生活水準を保つことができる、としています。

前提条件となっているのは、二〇〇二年から①平均的な家族の規模を子ども二人にすると決め、避妊の効果を一〇〇%にする、②物質生産に適度な限界を設ける、③汚染除去、収穫率向上、土壌浸食軽減などの技術導入や、単位工業生産当たりの再生不可能な資源量を年間四%まで減らす技術を開発・投資し採用しはじめる、などです。

これらが実現できれば、二一世紀後半の人類の「期待寿命は、食糧生産が若干落ち込む時期にやや下がるものの、なお高い水準にある。一人当たりのサービスは、二〇〇〇年に比べて五〇%増大する。二一世紀末には、すべてのひとに対して充分な食べ物が供給され、汚染は、取り返しのつかない害をもたらす前にピークに達し、減っていく。再生不可能な資源の減少は非常にゆっくりなので、二一〇〇年になっても、当初の賦存量の五〇%近くがまだ残っている」というのです。

だが、これ以外の九つのシナリオでは、いずれも二一世紀後半の破局が予想されています。ということは、工業現波の上限は約八〇億人ということです。工業現波を作りあげてきた科学技術そのものを駆使しても、「持続可能（サステナブル）なシステム」へ入っていくには、そのあたりが限界だ、といっているのです。この本で述べてきた人口波動説から見れば、「持続可能なシステム」というのはおそらく幻想に終わると思いますが、八〇億人、多くとも九〇億人で限界に達するという予測はほぼ間違いないと思います。

五つの人口容量

これまでみてきたように、私たち人類は地球という自然環境にさまざまな文明で働きかけて、人口容量を次々に拡大し、これまでに少なくとも五つの人口波動を描いてきました。いうまでもなく、この五つの波の数値、区分、時期などについては、異論や反論もあるでしょう。あくまでも一つの見方にすぎません。

だが、図表5―1のグラフを素直にみていただければ、人類の人口増加が何度か天井に突き当たりながらも、その壁を突破してきたという歴史が歴然と読みとれるはずです。こうした天井や壁、これこそが人口容量そのものです。そこで、五つの人口波動の成立要因とその限界状況を、もう一度整理しておきましょう。

① 石器前波（紀元前四万～一万年）は、石刃文化を中心とする旧石器文明によって成立したが、気候の変化と捕獲技術の向上による乱獲により、六〇〇万人で限界に達した。

② 石器後波（前一万～三五〇〇年）は、細石刃文化を中核とする新石器文明によって成立したが、約五〇〇万人に達した段階で、気候の変動と文明の停滞で人口容量が飽和した。

③ 農業前波（前三五〇〇～西暦七〇〇年）は、初期的農業を基礎に都市や国家を生みだした粗放農業文明によって成立し、二億六〇〇〇万人に達したが、気候の悪化で農業生産が停

滞し、これに起因する民族移動で社会的混乱が拡大したため、人口容量の壁にぶつかった。

④ 農業後波(七〇〇〜一五〇〇年)は、封建制度による大開墾や農業革命、商業活動や商業都市の拡大、貨幣経済の浸透などを要素とする集約農業文明によって成立し、四億五〇〇〇万人に達したが、農業技術の限界化と商業と都市が生みだした流行病によって限界を迎えた。

⑤ 工業現波(一五〇〇〜二一五〇年)は、温暖化した気候に守られながら、近代合理主義精神とそれに基づく科学技術革命が作りだした近代工業文明によって成立し、なお急増を続けているが、二一世紀中に食糧・資源問題、環境問題などの顕在化に伴って、八〇〜九〇億人程度で限界を迎えるものと予測される。

このように整理してみると、人口容量を作りだす文明とは、単に一つの技術や文化をいうのではなく、ハードな技術からソフトなシステムまで、さらには価値観や世界観までも含めた、実に多様なものだ、ということができます。同時にそうした文明が作り出した人口容量そのものも、自然のゆらぎや文明そのものに内在する過剰性によって、しばしば停滞や低下に追い込まれる、かなり繊細な実態だといえるでしょう。

VI 日本人の五つの壁

日本にも人口波動があった！

世界の人口波動には五つの波があり、その背景には五つの文明革新があった、と前章で述べました。とすれば、同じような波が日本の人口推移の中にも潜んでいるはずです。そこで、この章では日本の人口波動がどのような要因で成立し、どのような波を描いてきたか、を改めて振り返ってみましょう。

日本の人口をできるだけ古くまで遡って調べてみると、古代の聖徳太子や行基《ぎょうき》から中世の日蓮、近世の新井白石や勝海舟らを経て、現代の文化人類学者や歴史人口学者に至るまで、多くの先人たちのさまざまな推計があります。この中には、現代統計学の水準からみて必ずしも正確な数字とはいえないものも含まれていますが、前後の整合性から取捨選択してみると、大局的な流れをつかむことができます。約三万年前に始まり二一世紀末に至る、おおまかな推移といえるもので、数値は巻末にあげてあります。

図表６－１　日本人口の推移（縦軸：正対数、横軸：逆対数）

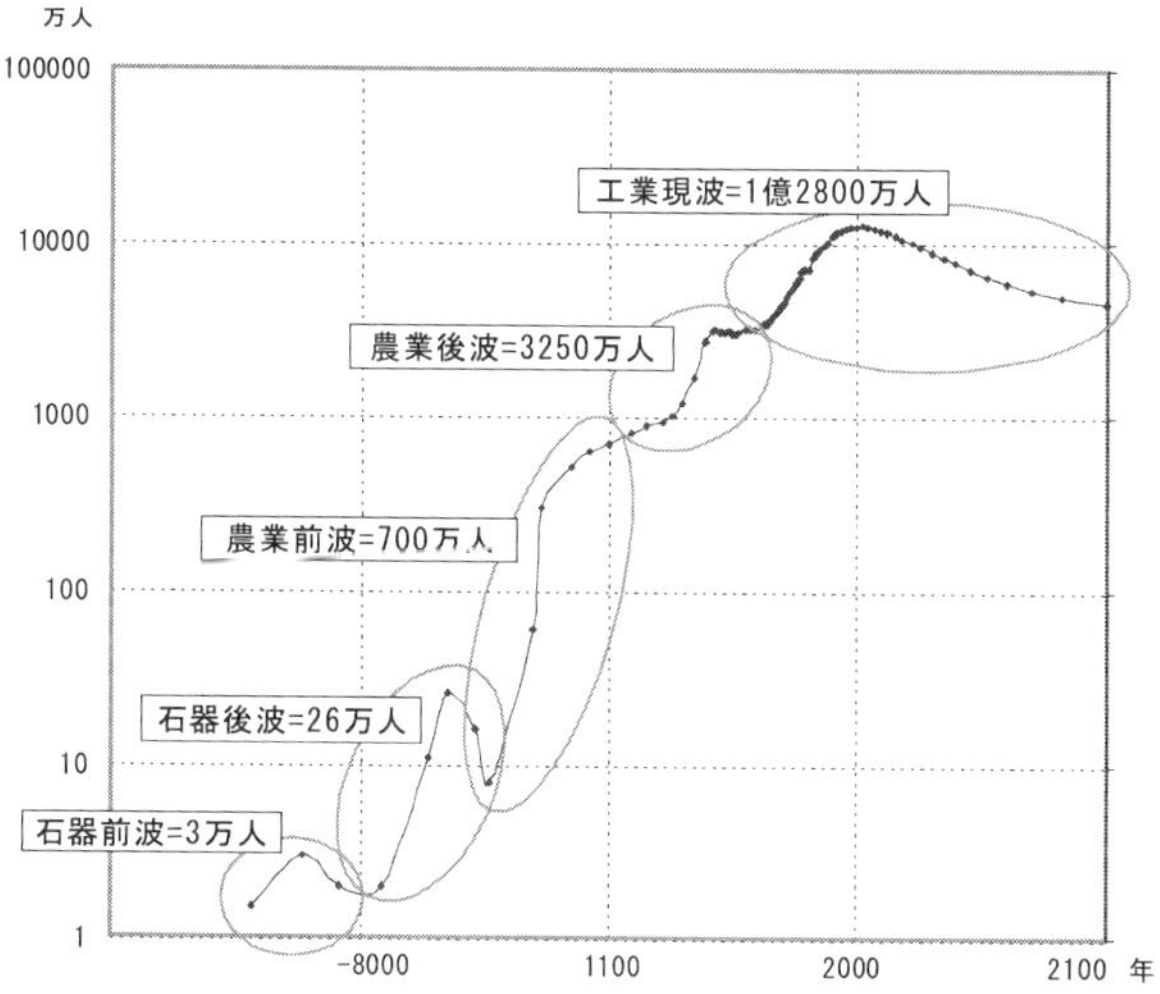

この数値をそのままグラフにすると、世界人口と同様に極端な急カーブになります。そこで、前章で行なったように縦軸を正対数、横軸を逆対数にして作図しなおしてみますと、図表６－１に描いたとおり、かなり明確に五つの波が浮かんできます。

五つの波が生まれた要因も、これまた世界波動と同様、〔Ｖ（人口容量）＝ｎ（自然容量）×Ｃ（文明）〕という式が日本列島にも当てはまるからです。つまり、〔日本列島の人口容量＝列島の自然容量×文明〕という式です。

この式の右辺である自然容量のうち、天候・気候条件は時代とともにかなり変動してきました。地球の気象変動に連動して気温の高低や降雨量の増減などを繰り返してきたからです。しかし、地形・地勢条件については、この三万年の間、比較的安定していました。旧石器時代の地勢変動を除けば、地形に大変動はなく、国境が大幅に変わったり、国土が分断されるといった社会的変化も少なく、ほぼ同一の環境下で継続してきました。この意味で「日本列島は巨大な牛乳ビンだ」といっても過言ではないでしょう。

となると、ビンの容量を変えてきた主な要因は、日本列島に働きかけた文明の変化ということになります。つまり、五つの波の成立要因もまた、世界波動とほぼ同じように、石器文明、農業文明、工業文明などによって作られたのです。それゆえ、世界波動に準じて、五つの波を石器前波、石器後波、農業前波、農業後波、工業現波と名づけますと、それぞれの波の特徴は次のように整理できます。

紀元前三万年にはじまる「石器前波」は「旧石器文明」に基づいて成立した約三万人の波、前一万年にはじまる「石器後波」は「新石器文明」によって形成された約二六万人の波、前五〇〇年にはじまる「農業前波」は「粗放農業文明」で作られた約七〇〇万人の波、西暦一三〇〇年にはじまる「農業後波」は「集約農業文明」で新たに作り出された約三二五〇万人の波、そして一八〇〇年からはじまる「工業現波」は「近代工業文明」で作られた約一億二八〇〇万人の波、ということです。

いいかえれば、これらの波はさまざまな文明の作り出した、五つの人口容量に基づいて生まれたものです。このため、それぞれの人口容量が延び続けている間は成長しますが、容量の壁に突き当たると、停滞や減少に陥っていきます。以下では、五つの波の始動から低下までの過程を振り返り、それぞれの成立要因をより詳しく眺めてみましょう。

石器前波…旧石器文明

最初の波は、紀元前三万年から前一万年に至る「石器前波」で、考古学や歴史学の時代区分では、旧石器時代といわれる約二万年間です。

前章で述べたように、今から約五万年前、地球上の各地に私たち現代人と同じタイプの人類である「新人」が登場しましたが、このうちアジア地域の新人、つまり原アジア人は「東南アジア系」と「北アジア系」に分かれて、南北からアジア各地に広がり、その一部が四万〜三万年前に日本列島に到達しました。

当時の自然環境は、前三万〜一万年が寒冷な亜氷期でした。この悪環境に新人たちは旧石器文明で働きかけて、野生の動物を狩猟したり、野山の可食植物を採集し、次第に人口容量を拡大しました。その規模は一体どれほどのものだったのでしょう。

世界人口の推移に石器前波がありましたので、日本人口の推移にもおそらく同じような波が存在したのではないか、という想像は容易になりたちます。そこで、考古学や人類学の研究を一通り調べてみましたが、そうした事実を指摘したものは発見できませんでした。それならば、と筆者があえて石器前波の人口容量を推計してみました。詳細は拙著『人口波動で未来を読む』で述べていますが、要点は次の二つです。

① 世界人口の石器前波（約六〇〇万人）と石器後波（約五〇〇〇万人）の比率（前者／後者＝〇・一二）を適用して、日本列島の石器後波（約二六万人）から類推すると約三万人になる。当時の日本列島は、文明水準ではユーラシア大陸の後進地であったから、この数値はおそらく上限を示している。

② 新人段階の世界の平均人口密度（〇・〇四人／㎢）に日本列島の面積（三七・八㎢）をかけ合わせると約一万五〇〇〇人になる。日本列島の自然条件は世界の平均を上回っているから、この数値は下限とみなすことができる。

以上のような推定を前提にすると、当時の人口容量は一万五〇〇〇～三万人であったと思われます。そこで、三万人を上限として、当時の人口の推移を考えますと、時間の経過とともに、世界波動と同じような増減を示した可能性があります。

なぜかというと、日本列島の旧石器技術には、ほぼ五〇〇〇年の間隔で三〜四つの発展段階があったからです。具体的にいえば、前四万〜三万年には「石刃技法」が、前二万五〇〇〇年には「ナイフ形石器」が、前一万五〇〇〇年には「槍先形尖頭器」が、前一万三〇〇〇年には「細石刃」が、それぞれ登場しています。

このうち、最後の細石刃については、世界の考古学上「中石器文化」とよばれ、「後期旧石器文化」とは区別されていますので、前章の世界波動では、石器後波を生み出した主要因と説明してきました。だが、アフリカやユーラシア大陸の各地で発達した細石刃技術が日本列島に伝播してきたのは前一万三〇〇〇年ころであり、一つの波を作りだすまでには至っていません。それゆえ、日本波動では旧石器文明の最終段階とみなすことにしました。

このように考えると、石器技術の推移は、粗放技術が次第に洗練され、集約化されていく過程とみなすことができます。もっとも、前の三つは「石刃」「ナイフ形石器」「槍先形尖頭器」と単一石器が次第に進歩していく過程ですが、最後に現れた「細石刃」は単一石器ではなく、すでに複合石器に変わっています。前章で述べたとおり、これは技術の一大転換です。ひたすら「単語」の強化を求めてきた方向が、一転して「文法」の精密さへ方向転換したようなものだからです。

それゆえ、前の三つが人口増加をもたらしたものだとすれば、最後の一つはそれが終わった後の成熟過程ではないか、と筆者は考えました。同じような文明転換の事例が、IXで述べるように、他の波動の中にも何度かみられますから、文明の成熟は人口容量の飽和と連動する現象とみなしたのです。

以上の推論を前提にすると、石器前波の人口は、石器技術の高度化に伴って、前四万〜三万年から微かに動きだし、前二万五〇〇〇年から上昇に移り、前一万五〇〇〇年あたりで約三万人の上限に達した後、前一万三〇〇〇年以降は下降していった、と推定されます。

こうした推計はあくまでも一つの想定です。かなり大胆な仮説というべきかもしれません。けれども、この節の目的は、日本列島に最初に住み着いた新人たちの、およその人口容量と人口の推移を推計することですから、それには合致していると思います。

石器後波…新石器文明

次の波は、前一万年から前五〇〇〇年に至る「石器後波」で、考古学や歴史学の時代区分では縄文前期から晩期にあたる約九五〇〇年間です。

当時の気候は、最終氷期が終わった紀元前一万三〇〇〇年ころから上昇しはじめており、これに伴う海水面の上昇で、前一万一〇〇〇年ころに日本列島は大陸から切り離され、ほぼ現在の地勢となりました。こうした自然環境の中で、列島の旧石器人は大陸人の特徴を温存しつつも、内外から幾つかの影響を受けて、縄文人に進化しました。同時に彼らは旧石器文明を発展させて、列島独自の新石器文明、つまり考古学でいう「縄文文化」を作り出しました。Ⅳで述べた定義によれば、ここでいう文化も文明に近いものです。

この文明の特徴の一つは、石器に加えて土器の使用をはじめたことです。土器の使用は、生食不可能であった植物性食物の多くを煮炊きによって食べられるようにしたうえ、栄養的かつ衛生的にも食生活の水準を上げました。もう一つは各地の貝塚が示している海産物の採集、つまり漁労《ぎょろう》を開始したことです。これによって、陸上に限られていた食物獲得が海水水産資源へ広がり、魚類、貝類、海藻類なども食物に加わってきました。二つの技術開発が食糧環境を急速に安定させ、人口容量を一気に拡大させました。

その結果、前一万年ころからいわゆる縄文時代がはじまりました。当時の人口推移については、文化人類学者の小山修三が、早期（前八〇〇〇～四〇〇〇年）二万人、前期（前四〇〇〇～三〇〇〇年）一一万人、中期（前三〇〇〇～二〇〇〇年）二六万人、後期（前二〇〇〇～一〇〇〇年）一六万人、晩期（前一〇〇〇～五〇〇年）八万人、弥生時代六〇万人と推計しています（『縄文時代』）。

二番めの壁

早期から前期にかけて徐々に増加した石器後波の人口は、縄文文化の高度化とクライマティック・オプティマム（気候最適期）とよばれる自然環境に支えられて、前三〇〇〇〜二〇〇〇年ころに人口二六万人のピークを作りだします。ところが、前二五〇〇年を過ぎるあたりから、成長・拡大にやや翳りがみえはじめ、前二〇〇〇〜一二〇〇年ころには一六万人に急落しました。

この背景には、自然条件と人為的条件の両方が考えられます。自然条件でいえば、前三〇〇〇年以降、気候最適期が終わって寒冷・湿潤化が徐々に進み、前二〇〇〇年ころの平均気温は現代とほぼ同じ水準になりました。他方、人為的条件では、縄文文化そのものが中期以降、生産を拡大する方向から外れていきました。

当時の社会では、食物獲得技術で培われた基本的な知識や技術を、彼らの生活の隅々に浸透させていました。定着的な生活拠点である集落の形成、木製品の加工、漆工芸の拡大、アク抜き処理技術の発達などの生活技術の高度化、そして宗教的目的のための大規模な土木建造物の構築などです。ところが、それに伴って、技術の方向は、高度な文様と奇抜なデザインの火炎型土器、装飾性の強い土偶《どぐう》や石偶《せきぐう》、黒や朱の漆を塗った儀礼的な弓、彫刻の施された櫂《かい》といった、非実用的な用具の製造へ傾斜していきます。

それはまさしく、石器文明の最高段階である「成熟せる採集社会」（佐々木高明『縄文文化と日本人』）を出現させるものでしたが、逆にいえば、もはや生産力の拡大をもたらさず、むしろ非生産的な部分の肥大化に向かうものでした。このため、後期〜晩期の縄文文化は、自然環境の悪化に対抗するだけの力を失いました。というより、気候の悪化に触発される形で、自ら人口容量の拡大を放棄し、拡大型社会から濃縮型社会へ転換していったものと思われます。

農業前波…粗放農業文明

三番めの波は、紀元前五〇〇年から西暦一三〇〇年に至る「農業前波」で、歴史学の区分では弥生時代から古墳、奈良、平安時代を経て、鎌倉時代に至る約一八〇〇年間です。

前五〇〇年ころの自然環境は、平均気温が現在より一度ほど低く、やや冷涼で湿潤な気候でした。そうした環境の中で、縄文人が進化した縄文系弥生人に、動乱の続く大陸や半島から流入した渡来系弥生人が加わって、弥生人という日本人が形成され、「粗放農業文明」によって、最終的には七〇〇万人の人口容量を作りあげていきます。

粗放農業文明の中核は二つあり、一つは初歩的な水田水稲技術を中心に金属器技術や土木技術を含む、いわゆる「弥生文化」、もう一つはそれを定着させ安定させた統一国家制度でした。

このうち、水田稲作技術は遅くとも縄文時代晩期から紀元前三〜二世紀の間に北部九州地方に伝わり、瀬戸内海から陸路を通って、西暦一〇〇年ころまでに伊勢湾地方から関東地方へ、さらに日本海に沿って東北地方にも到達した、と推定されています。

水稲技術の伝播に伴って、日本列島の人口容量は〔自然容量×粗放農業文明〕の極限にまで拡大が可能になりました。石器・土器技術と比べて、水稲技術は自然変動への対応力がはるかに優れていました。稲作自体の生産性も天候や気候に影響されますが、耕地の拡大や品種の改良などで、それらに対抗する手段を幾つか持っていたからです。

一方、統一国家制度は、中国大陸の進んだ制度を積極的に導入するという形で進展しました。当初、弥生人たちは多数の小国に分かれて倭国《わこく》大乱を続けていましたが、三〜五世紀に大陸や半島の先進国家を見習って、統一国家をめざすようになります。この動きは、邪馬台国《やまたいこく》の成立から出雲《いずも》、吉備《きび》、大和《やまと》王権の成立にいたる過程で次第に強化され、最終的には四世紀後半から六世紀初頭に、応神《おうじん》、仁徳《にんとく》の両大王が大和盆地に統一王権を成立させます。

その後、大和王権は「大王」権を確立し、中央豪族を臣《おみ》、連《むらじ》、伴造《とものみやつこ》、百八十部《ももあまりやそのとも》へ、また地方豪族を国造《くにのみやつこ》という氏姓制度へそれぞれ再編成し、いわゆる「大和朝廷」へ発展しました。

だが、大臣《おおおみ》・蘇我《そが》氏の独裁で王権が弱体化したため、六四五年、中大兄皇子《なかのおおえのおうじ》、中臣鎌足《なかとみのかまたり》らが大化改新を断行し、旧豪族の合議制による新しい政治体制を樹立しました。

この時から中国の制度に倣《なら》って律令国家制度の導入が促進され、公地公民を基礎とする中央集権国家の建設が目標となりました。新しい目標は、七〇一年の大宝律令の施行によってほぼ達成され、中央官僚機構、公地公民制度、租税制度、国郡里制、軍事体制など、律令国家の骨格が定められました。公地公民とは、豪族の私地私民を廃止して、すべての土地と人民を朝廷に帰属させるものであり、また租税制度は租《そ》・庸《よう》・調《ちょう》・雑徭《ぞうよう》などの課役で構成され、いずれも人頭税として成年男子に課せられました。

律令制度による統一国家の出現で、農地の開墾や生産性の向上が促された結果、農業前波の人口はその後、安定的に増加しましたが、九〜一一世紀になると約七〇〇万人で停滞します。このあたりが農業前波の人口容量の限界であったと思われます。

三番めの壁

人口容量が限界に達した背景には、さまざまな原因が複雑に絡んでいますが、主なものは次の三つです。

第一は、国内の粗放農業技術が、古墳時代以来の急激な発展の後、進歩の度合いを急速に落としたことです。大和朝廷から平安朝廷に至る統一政権は、あいついで開墾の奨励策を打ち出しましたが、その効果はさほど上がっていません。当時の技術体系のもとでは、耕地の拡大と土地生産性の上昇がもはや困難になっていました。またこの時期に大陸の唐や宋から導入した技術や制度も、すでに成熟したものであり、人口容量を拡大するようなダイナミックな内容を持っていませんでした。

第二は、統治体制がさまざまに変容したことです。たとえば律令的土地制度の根幹である班田制はほぼ完全に崩壊し、代わって貴族・社寺や富裕農民層の荘園私有が増加して、租税収入が減少しました。さらに班田制と表裏をなす戸籍制度も次第に崩壊し、課役の逃避が常態化しました。その結果、高度な技術と大量の労働力を駆使して大河川流域の平野を開拓し、排水・灌漑施設を維持していくという農地拡大の基盤が崩れ、大規模な開墾が困難になるとともに、荒廃田を増加させました。

以上の二つが基本ですが、もう一つ、第三の原因として、この時期の末期にはじまる貨幣経済がそれまでの社会・経済構造を大きく動揺させたことがあげられます。平安末期から鎌倉時代になると、各地で定期市が開かれ、物資の輸送も盛んになりました。さらに日宋貿易で輸入された宋銭が流通しはじめると、為替、年貢の銭納、借上《かしあげ》（高利貸業者）など、貨幣経済が急速に広がりました。貨幣の浸透は生産の拡大よりも換金性の拡大に社会の関心を移行させましたから、一時的に人口容量の拡大を阻害することになりました。

これらの三要因が絡み合った結果、農業前波の人口容量は限界に達し、それに伴って当時の人口を停滞へ追い込んでいきました。

農業後波…集約農業文明

四番めの波は、一三〇〇年から一八〇〇年に至る「農業後波」で、歴史学の区分では、室町から安土桃山時代を経て江戸時代の中期に至る約五〇〇年間です。

この時期の気候をみると、一四世紀から一九世紀中葉にかけての平均気温は現在より一～二度低く、とりわけ一八世紀は小氷期とよばれるほど低温でした。それにもかかわらず、再び人口容量が拡大したのは、当時の人々がわが国独自の方法で水田稲作技術を高度化させ、新たに「集約農業文明」ともいえる文明を成立させたからです。この文明では、集約農業技術の発展、貨幣経済の進展、大名の領地支配の三要素が基軸となっています。

第一の集約農業技術とは、従来の粗放農業技術をさらに緻密にした農業技術です。歴史学者の永原慶二によると、それは「水田の耕作条件の安定と大幅な増加」という二つの事実によって支えられていました（『室町戦国の社会』）。

耕作条件の安定化とは、①平安末期にはじまった水田二毛作が水田の乾田化の進行とともに拡大した、②室町期には草木の刈敷《かりしき》、厩肥《きゅうひ》、堆肥《たいひ》、草木灰に加え人糞尿の肥料化が進んだ、③平安時代にはじまった稲の品種の多様化がさらに進行し、多収穫かつ低湿田に適したインド種赤米《あかごめ》（大唐米《たいとうごめ》）の栽培が盛んになった、④平安時代にはじまる畠の二毛作の比重が高まった、などをさしています（前掲書）。これに加えて、⑤牛馬耕作の開始や⑥鳥獣駆除の進展といった農業技術の改良も、耕作条件を改善しました。

また水田の大幅な増加は、①新田の開墾の拡大や②水利・堤防技術の向上によるものです。室町時代には、守護《しゅご》層はもとより名主《みょうしゅ》上層、在地の荘官《しょうかん》、地頭《じとう》までが既存水田の私有をはじめますが、同時にそれぞれの下人層や傍系血族を使って新開地《しんがいち》を開発し、自らの所有とします。さらにこの時期には運河網の発達、揚水車の普及、番水《ばんすい》の整備なども進みます。こうした傾向が、利用可能な水田の面積を次第に増加させました（前掲書）。

第二は貨幣の使用が社会全体に広がったことです。貨幣の使用開始は七世紀末まで遡れますが、普及範囲は一部だけで、社会全体としては現物経済が続いていました。けれども、鎌倉末期以降、宋銭や明銭の輸入が増加してくると、急速に貨幣経済が拡大し、荘園役人や在地領主などから農民層までを飲み込んでいきました。

貨幣経済は一時的には人口を停滞させましたが、その後、農業生産性の向上で加地子《かじし》（追加地代）を蓄積させた有力な農民層が、自ら手工業や商業をはじめるようになると、流通量の拡大した明銭を使って、従来の物々交換を基本とする農業経営を急速に貨幣経済に変え、逆に農業生産を向上させました。

また畿内の大都市では、巨大な流通市場が登場し、金融分野にも寺社勢力や一部の公家《くげ》層が進出してきましたから、室町幕府もまた段銭《たんせん》や棟別銭《むなべつせん》などの課税、関所による通行税の新設など行なって、財源の貨幣経済化を迫られました。その後も、貨幣経済は戦国大名の都市経営や徳川幕藩体制の経済・財政政策にまで、大きな影響を与えていきます。

第三は大名の領地支配が広がったことです。平安〜鎌倉時代の荘園制では、百姓・名主（一般農民）、荘官・地頭（在地領主）、本所《ほんじょ》（中央都市領主）という三重構造が土地所有の基本形態でしたが、鎌倉末期から室町初期にかけて、この構造が緩みはじめ、各階層がそれぞれ実質的に土地支配を進めるようになりました。有力農民たちは、惣《そう》とよばれる農民の自治的村落共同体を作って幾つかが連合し、惣郷《そうごう》、惣荘《そうしょう》、惣国《そうこく》へと発展して、領主の支配領域を越えるようになりました。

また名主上層や荘官・地頭の中から有力な土豪層が育ちはじめ、さらに有力守護たちは在地の国人層を家臣団に編成して、守護代や郡代による強力な統制の下に、領国の土地と人民を支配する〝領地領民〟制を確立します。

室町時代に入ると、有力守護たちの中から現れた守護大名がいっそう領国支配を推し進めます。戦国時代になって、彼らの多くは「戦国大名」に席捲されましたが、領地領民制はその後も続き、織豊時代を経て徳川幕藩体制に至るまで、基本的な領国支配構造となりました。このため、守護大名や戦国大名は、各々の支配地の土地生産性に関心を高め、水利や開墾から施肥や農具改良に至るまで、さまざまな改革改良を促しましたから、農業生産は飛躍的に拡大しました。

以上のように、集約農業技術の進展、貨幣経済化、大名の領地支配の三つが絡み合って、一三〇〇年ころから緩やかに増えはじめた農業後波の人口は、一六〇〇年ころから急上昇に転じ、江戸中期の一七三〇年前後に約三二五〇万人でピークを迎え、その後は停滞していきます。

四番めの壁

停滞の背景として、三つの原因が考えられます。第一は農業生産の飽和化です。速水融の推計によれば、実収石高は一七〇〇年の三〇六三万石から一七三〇年の三二七四万石へ二一一万石増えたものの、一七世紀の年間伸び率〇・三二〜〇・五六%に比べると、〇・二二%へ低下しています。また耕地面積も一七〇〇年の二八四万一〇〇〇町から一七三〇年の二九七万一〇〇〇町へ一三〇万町増加したものの、一七世紀の年間伸び率〇・二六〜〇・三八%に比べると〇・一五%へほぼ半減しました。つまり、耕地の拡大と労働集約的・土地節約的進歩で急速に発展してきた集約農業は「一七世紀末から一八世紀初めのころになると、天井に到達するようになっていた」のです（前掲書）。

第二は気象の悪化です。一八世紀後半は著しい寒冷期となり、大飢饉が連続して発生しました。一七五五年の宝暦の飢饉、七四年の安永の飢饉、八二〜八七年の天明の飢饉などは、いずれも夏季の気温低下が引き起こした冷害でした。

当時の集約農業技術は、粗放農業技術に比べてかなり高度化しており、通常の気候不順には充分に耐えられる水準にありました。だが、もともと亜熱帯性の植物である稲を東北地方にまで普及させていましたから、気候のよい時はともかく、大規模な気候不順が発生すると、その被害は甚大なものになったのです。

第三は貨幣経済化の急進と限界です。一七世紀末から一八世紀初頭にかけて、貨幣経済が全国に浸透すると、それまで自給経済に閉じ込められていた農村部でも、各地の特産物を中心に商品生産が開始され、富裕な農民層が出現してきます。だが、こうした農村の商業生産化は、年貢収入の停滞や減少、物価の上昇を引き起こして、領主層の財政を悪化させたり、零細農民の一揆《いっき》を招きました。一方、都市部、とりわけ江戸では商業経済の急拡大で物価が高騰し、町人の打毀《うちこわ》しが起こったため、徳川幕府は強力な物価統制に踏み切り、一七二四（享保九）年の物価引下げ令、一八〜二四年の株仲間結成の公認など、新たな商業統制に追い込まれていきます。

貨幣経済の波は幕府財政にも波及し、収支を急速に悪化させました。貨幣による出費が年々増える一方で、財源が減少したからです。一八世紀には鉱山からの金銀の採掘量が湧水対応や通気技術の停滞で次第に低下し、一九世紀半ばには銅の採掘量も最盛期の三分の一まで落ちました。また幕府の年貢率も一七世紀の六公四民～五公五民から、一八世紀には四公六民まで低下しました。その結果、幕府財政は慢性的な赤字に陥りました。

以上のように、貨幣経済は米を基準とする石高経済を超えて、新たな経済構造を作りはしたものの、他方では農村の疲弊、階級格差の拡大、飢饉被害の増幅、一揆や打毀しの頻発などを引き起こしたのです。

これら三つの原因が重なって、当時の人口は一七三〇年代から減少しはじめ、一七九〇年前後には三〇〇〇万人を割るところまで落ちてしまいました。

工業現波…近代工業文明

五番めの波は、一八〇〇年前後から現代を経て二一世紀の後半に至る「工業現波」です。歴史学の区分では、江戸時代後期から明治・大正・昭和の三代を経て、平成から二一世紀へと続く約二五〇年間に相当します。

この波動の開始当時、気候はなお寒冷化へ向かっていました。それにもかかわらず、人口容量が拡大しはじめたのは、この時期にはじまった初期的な工業化（プロト工業化）のおかげでした。西日本の有力諸藩、いわゆる西南雄藩では、すでに一七世紀中葉から西欧の科学技術を導入していましたが、一八世紀に入るとそれらを積極的に応用して、都市や農村で手工業を拡大させました。この動きは次第に瀬戸内海周辺や近畿地方へも波及し、さらには東国へも伝播しました。それに伴って人口は徐々に拡大し、一八三〇年前後には三二六三万人と農業後波のピークを超え、明治維新前後には三五四〇万人へ達します。

維新後になると、初期的な工業化は本格的な工業化へと進み、間もなく「加工貿易文明」へ発展していきます。この文明は、西欧から導入された近代的な工業技術を基礎に、日本型資本主義と国際協調主義を加えた、三つの要素からできあがっています。もっとも、三つの要素が完全に鼎立《ていりつ》したのは後半のことで、この波の前半では、文明開化、殖産《しょくさん》興業、脱亜入欧を支柱とする「富国強兵」国家が、とりあえずは人口を増やしました。

第一の文明開化とは、欧米の先端的な生活様式や科学技術を可能な限り導入しようとするもので、基礎科学、基盤技術、産業技術の三面でめざましい成果をあげました。同時にこれらの技術を応用して農業生産も大きく変貌し、土地改良、肥料の増投と施用法、品種改良、農具の改良・普及などで、国内の食糧生産量を著しく拡大させました。

第二の殖産興業政策とは、西欧の市場経済システムを導入して、近代国家にふさわしい新たな産業を興そうとするもので、これまた短期間に産業革命をなしとげました。一八七〇年代に欧米の制度を導入して生み出された〝会社〟という組織は、九〇年代の日清戦争前後に繊維・

紡績工業を中心とする軽工業部門と、政府主導による鉄鋼業などの重工業部門に分かれて、それぞれ産業革命をなしとげます。一九〇〇年代初頭の日露戦争の後、造船、金属、機械工業などへも波及し、一〇年前後に全産業での革命を達成しました。

そして第三の脱亜入欧とは、当時、後進地域であったアジアを脱し、先進地域であるヨーロッパの国々と肩を並べようとするもので、鎖国体制が終わった後の国際感覚を明確に示しています。

この三つに支えられた「富国強兵」国家は、明治、大正、昭和前期と順調に人口を伸ばしましたが、一九四〇年代に至って太平洋戦争の敗戦により一旦は停止に追い込まれました。ところが、四五年以降、人口は再び急増をはじめます。

それを可能にしたのは、ハイテク化、日本型資本主義化、グローバル化の三要素を基盤に「経済大国」をめざすという新しい目標の登場でした。この変化は、「富国強兵」から「経済大国」へと、国家目標が一変したかのようにみえますが、そうではありません。後半の「経済大国」とは、前半の「富国強兵」が形を変えて達成されたもので、その証拠に目標達成のための基礎的な要素はほとんど変わっていません。つまり、「経済大国」を支える基盤は、明治以来の文明開化、殖産興業、脱亜入欧の三大政策を、形を変えて継承したものです。

第一の文明開化は戦後、アメリカ型ライフスタイルを目標とする生活構造やそれを支える西欧文明への強い憧れとなって、欧米型科学技術の導入に一層拍車をかけました。その結果、一九八〇年代の後半までに、日本は世界最先端の応用型科学技術を誇るハイテク国家となりました。

第二の殖産興業も、戦後はアメリカ型経済・経営システムを導入し、それを基盤に独自に改良を加えた日本型市場経済や日本型経営システムを創りだして、世界に冠たる経済力を誇るようになりました。第三の脱亜入欧は、アジア諸国の目覚しい発展によって「入亜」あるいは「協亜」に変わりましたが、加工貿易体制を維持、拡大していくためには、アジア、欧米はもとより、世界各国と外交や通商を行なうグローバル化が必要、という姿勢に継承されています。

以上のように、戦前の三政策は、「文明開化」は「ハイテク化」へ、「殖産興業」は「日本型市場経済」へ、「脱亜入欧」は「グローバル化」へとそれぞれ戦後に引き継がれています。そして、この三つに支えられた「加工貿易文明」によって、戦後の日本は約一億二八〇〇万人の人口容量を構築することに成功しました。つまり、資源・エネルギーを輸入して高付加価値の工業製品を製造し、それらを輸出した収益で食糧・資源を購入する、という体制を作りだし、完全な自給自足であれば七六〇〇万人程度の人口容量を、ほぼ二倍にまで拡大することに成功したのです。

五番めの壁

しかし、この波動も今や限界に達しました。二〇〇四年末に約一億二八〇〇万人でピークに達した人口は、今後徐々に減少し、Iで述べたように、二〇五〇年には九〇〇〇万人、二一〇〇年には三八〇〇万人に落ちると予測されています。

なぜそうなるのか、ここまで読んできた読者なら、すぐに推測ができるでしょう。いうまでもなく、工業現波の人口容量が限界に達したからです。一億二八〇〇万人の人口容量を作りだしてきた加工貿易文明にも、今や翳りがみえてきたのです。これこそ、二〇〇五年から人口が減りはじめた、本当の理由です。「人口減少の原因は少子・高齢化だ」といっていては、時代の大きな変わり目を見逃すことになります。

が、このように書くと、縄文時代や江戸時代ならともかく、国際化の進んだ現代日本がなぜ人口容量の壁にぶつかるのか、といぶかる人も多いでしょう。とりわけ、経済学者やエコノミストの中には「世界中から輸入できるのだから、日本に食糧の壁はない」とか、「科学技術をもっと応用すれば、日本列島の自然環境はまだまだ利用できる」と主張する人が多いのですが、実はそうした考え方自体が二〇世紀的なのです。二一世紀前半の国際構造はそんな考え方をふっ飛ばしていきます。

先に述べたように、人口容量とは私たちの生活を支えるのに必要な、すべてのモノやサービスの供給量、さらには時間や空間の自由度をいいますが、一番基本になるのはやはり食糧です。一〇年ほど前、農林水産省が食糧封鎖にあった場合の自給可能量を推計しています（食料・農業・農村問題調査会資料・一九九八年六月）。

それによると、穀物や魚類などの輸入がゼロとなった場合、国内農地の生産だけでは国民一人当たり一七六〇キロカロリーに落ちていきます。現在の消費水準で人口に換算すると、約八四〇〇万人分に相当します。農地の減少が進んで現在の八割になった場合には一四四〇キロカロリーまで落ち、人口換算で約六八〇〇万人分です。両者を平均すると約七六〇〇万人ですが、これは終戦直後の一九四六年の水準より少し多い程度です。とすれば、現在の一億二八〇〇万人の人口容量とは、食糧だけでいえば、自給が可能な約七六〇〇万人を基礎に、その上に約五二〇〇万人を乗せている、ということになります。

一九〜二〇世紀前半に日本の人口が増え続けたのは、近代工業文明の導入で国内の人口容量が飛躍的に高まったためでした。戦前の日本では、近代的な農業技術や土木技術の導入で国内の農業生産が拡大し、人口容量を約七二〇〇〜七三〇〇万人にまで高めました。だが、食糧自給はそのあたりが限界だったので、やむなく国外への進出に向かっていきました。それが太平洋戦争の遠因でもあったのです。

しかし、戦後になると、日本は国内自給という足かせを大胆に乗り越え、工業製品を輸出して食糧を輸入するという加工貿易国家を作りあげました。極言すると、それは生産性の上昇が限界に達しはじめた農地を、積極的に工業用地へと切り替えることで、国土全体の食糧調達力をより高めることだった、といえるでしょう。農地に工場を建て、電気製品や自動車を生産して輸出し、その対価で食糧を買うと、元の農地で生産するよりも、もっと多くの食糧が手に入る、ということです。

それができたのはいうまでもなく、日本の技術力や商品開発力が飛躍的に高まったからです。だが、それだけではありません。もっと大きな理由としては、一部の工業先進国だけが高価な工業製品を生産し、大半の発展途上国が農業生産を担当する、というアンバランスな国際構造が進んでいたからです。こうした環境の下では、工業製品の価格が農産品より必然的に高くなりますから、高い工業製品を売って安い農産品を買うのは極めて賢明な方法でした。

戦後の日本はこうした方策を積極的に推進することで、本来なら七六〇〇万人程度の人口容量を一気に一億二八〇〇万人へと伸ばしてきたのです。

逆転する農工の立場

ところが、こうした方策は今や限界に差しかかっています。世界の産業分布では、発展途上国の多くが工業生産を拡大した結果、工業製品が供給過剰になりつつあります。代わって、農産品は工業化に伴う労働力の減少や農業用地の縮小などで、次第に供給不足へ向かっており、それに伴って価格も上昇しはじめています。

実際、二〇〇七年に入ってから、世界の穀物需給は逼迫の様相を強めています。生産量はなお増加しているのですが、中国、インド、ブラジル、ロシアなどで消費量が急増しているうえ、バイオマス燃料原料用の需要が重なって、需給バランスが大きく崩れたからです。小麦、米、大豆など穀物の期末在庫量は、世界人口を養うに必要な量に換算して、五五日分しかありません。過去最低の水準であり、異常気象や穀物投機などが起これば、世界的な食糧パニックへ進む恐れもあります。

こうした状況を反映して、穀物の国際価格も春先から高騰しはじめており、前年に比べてトウモロコシは約二倍、大豆は約一・五倍に上がっています。比較的安定していた小麦も一ブッシェル（二七・二キロ）当たり九ドル前後と対前年約二倍に上がり、過去最高の水準を更新しています。

農林水産政策研究所が二〇〇三年末に行なった、穀物価格の予測では、アジア地域の都市周辺部で、優良灌漑農地の多くが工業用地などへ転用されていることを考慮して、二〇三〇年までに、米は一・二倍、小麦は一・七倍、トウモロコシは一・六倍ほど上昇する、としていました（『農林水産政策研究所レビュー』No.10）。ところが、昨今の価格水準はすでにこの予測を超えているのです。

とすれば、二〇世紀が農産物価格の低下する時代だったのに対し、二一世紀は逆に上昇する時代になっていくでしょう。すでにはじまっている工業製品の価格低下はさらに進行し、逆に農産品の価格が上昇する可能性が高まってきます。そうなると、用地の総合的な生産性という点でも、やがて農業用地が工業用地を追い抜くことになりかねません。

それだけではありません。二一世紀の世界では、前章でみたように、人口爆発の危険性が急速に上昇します。現在、六六億人に達した世界人口は、幾分増加率を落としたとはいえ、今後もなお増え続け、二〇五〇年に八九億人、二一〇〇年に九〇億人にまで増加していきます。が、現代文明による地球の人口容量は八〇億〜九〇億人程度ですから、二〇三〇年以降になると、食糧・資源・エネルギーなどの需給が破綻し、穀物や石油の価格が高騰する可能性が高まってきます。

こうなると、食糧の値段はますます上昇し、二一世紀には間違いなく「工業製品安・農業産品高」の傾向が強まります。石油が高騰すれば工業製品の価格も上がる、と思いがちですが、圧倒的な供給過剰のもとでは一時的にすぎず、まもなく沈静化します。IXで述べるように、過去の人口減少社会でも、一つの波動を支える基本財の価格は需要の低下によって必ず下落しているからです。その結果、電気製品や自動車を売って、大量の食糧を買うという構造は徐々に不可能になっていくでしょう。

これこそ、私たちの頭上にのしかかっている、五番めの壁の実態といえるでしょう。

実証された「人口波動」仮説

以上でみてきたように、日本の人口推移にも、世界波動と同じような五つの波がありました。それぞれの波の成立原因とその限界状況を改めて整理しておきましょう。

① 石器前波（紀元前三万〜一万年）は、旧石器技術の高度化で約三万人の人口に達したが、気候条件と技術の変化で前一万三〇〇〇年ころから下降していった。

② 石器後波（前一万〜五〇〇〇年）は、日本列島独自の新石器文明、つまり「縄文文化」によって生まれたが、前二五〇〇年ころ約二六万人に達した段階で、自然条件の変化と文明の変質により人口容量が飽和した。

③ 農業前波（前五〇〇〜西暦一三〇〇年）は、大陸や半島から流入した粗放農業文明によって九〜一一世紀に約七〇〇万人に達したが、以後は粗放農業技術の限界化、統治体制の変容、貨幣経済の影響などで停滞した。

④ 農業後波（一三〇〇〜一八〇〇年）は、水田稲作文明を高度化させた集約農業文明により、

一七三〇年前後に約三二五〇万人に達した後、農業生産の飽和化、気象の悪化、貨幣経済の限界化などで減少していった。

⑤工業現波（一八〇〇～二〇〇〇年代後半）は、西欧型科学技術を基礎にした加工貿易文明によって、二〇〇四年に一億二八〇〇万人に達したが、以後はこの文明の限界化で減少していく。

このように理解したうえで、Vで述べた世界波動と比較してみると、人口の長期的な推移には、三つの関係が指摘できます。

①世界人口も日本人口も、ともに五つの波をたどってきた。この事実は、人類の人口が単純に増加してきたのではなく、何度か増減を繰り返してきたことを示している。

②五つの波の成立原因は、世界波動と日本波動に共通して、旧石器文明、新石器文明、粗放農業文明、集約農業文明、近代工業文明の、それぞれが作りだした人口容量である。両波動の成立要因は、細かい点では差異があるものの、基本的な次元ではほぼ同じ構造を持っている。

③五つの波の停滞・減少要因では、日本波動と世界波動の間にやや違いがあるが、共通して

いるのは、自然・社会条件の悪化、あるいは成立要因にもともと潜んでいる構造的要素のいずれか、あるいは両方が絡まったものである。

いかがでしょうか。ここまでくると、マルサスが提起した「人口波動」論はまがりなりにも検証できたといえるでしょう。それは同時に、マルサスを引き継いで、この本が提起した二つの仮説、つまり人口容量説と人口波動説が一通り検証できたことを意味しています。

第三部　人口が反転する

VII 回復の可能性を探る

人口抑制装置が作動する

日本人は今、五番めの壁に突きあたっています。加工貿易文明が作りだした一億二八〇〇万人の人口容量が、すでに満杯になっているからです。

人口容量の壁に突きあたれば、IIIで述べたように、文化的な人口抑制装置が作動します。文化が安定している社会では、人間は自ら人口を抑制する動きを高めるからです。現代日本の文化的状況も比較的安定していますから、私たち日本人もまたパニックに陥る前に、人口を抑制しようと動きだしているのです。とすれば、人口減少は決して〝異常〟な出来事ではなく、極めて〝正常〟な現象です。そのことを論理的に説明するには、やはりIVで述べた、次の式が必要でしょう。

$$V\text{（人口容量）}=\frac{N\text{（自然環境）}\times C\text{（文明）}}{L\text{（人間1人当たりの生息水準）}}$$

この式の分子、N（自然環境）×C（文明）は、一つの文明が自然環境に働きかけて作りだした総生息容量を示していますから、これをPとすると、次のように表現できます。

$$V\text{（人口容量）}=\frac{P\text{（総生息容量）}}{L\text{（人間1人当たりの生息水準）}}$$

つまり、ある時期の人口容量は、総生息容量を一人当たりの生息水準で割ったものだ、ということです。総生息容量が多くても生息水準が高ければ人口容量は低くなり、逆に総生息容量が少なくても生息水準が低ければ人口容量は多くなります。経済環境に限っていえば、GDPが高くても、国民一人当たりの所得水準が高ければ人口容量は少なくなり、逆にGDPが低くても、所得水準が低ければ人口容量は多くなる、ということです。

　この式を前提にすると、人口容量の飽和化と人口抑制装置の作動するプロセスは、次のように説明できます。

① P（総生息容量）が伸びている時には、L（一人当たりの生息水準）が伸びても、V（人口容量）にはなおゆとりがあるから、人口は増える余地がある。逆にいうと、Pの伸び率が人口の伸び率より大きい時には、Lも上昇する。このため、自らの生息水準を落とさないで、親世代は子どもを増やすことができるし、また子ども世代は高齢の親世代を扶養することができる。

② Pが伸びなくなった時、Lがなお伸び続けると、Vはますます落ちるから、人口は増えなくなる。逆にいうと、Pの伸び率が衰えて人口の伸び率を下回りはじめると、Lも低下せざるをえない。

③ Pが伸びない以上、Vを増やすには、Lを下げるしかない。そこで、親世代は自らの生息水準を下げて子ども増やすか、生息水準を維持して子どもを諦めるか、の選択を迫られる。また子ども世代は自らの生息水準を下げて老年世代を扶養すべきか、生息水準を維持して老年世代の扶養を縮小するか、の選択を迫られる。

④ すでに一定の豊かさを経験した世代の多くは、その生息水準を落とすことを嫌うから、親世代は事前に晩婚や非婚を選んだり、結婚しても避妊や中絶などを行なって、出生数を減らす。また子ども世代は老年世代の世話を拒否したり、年金負担を忌避するから、老年世代の生息水準は次第に低下し死亡数が増える。

⑤ さらには、動物界のなわばりや順位制のように、Vの分配をめぐって競争が激化し、より多くを獲得した、一部の優者だけが優先的にLを維持して、生息水準を落とさないまま、結婚して子どもを増やしたり、老年世代の世話を継続するようになる。だが、競争に負けた劣者の多くは、その分Lの分け前が少なくなるから、ますます結婚、子作り、老年者扶養を忌避《きひ》し、全体として人口を抑制する。

⑥ こうした環境下で人間が選ぶ、晩婚や非婚という結婚抑制行動、避妊や中絶などの出産抑制行動、老年者介護の拒否や年金保険料負担の忌避などの扶養敬遠行動は、いずれも個々の人間の意志的な選択であるが、それが集団に広がるにつれて、社会的に認知されたムーブメントとして定着していく。その意味で、これらの行動は文化的、社会的な抑制装置なのである。

以上のように、人間は人口容量の制約が近づくと、さまざまな文化的抑制装置を作動させて人口を抑えています。現代の日本で進みはじめている人口減少の、本当の理由もまたここにあります。こうした理解をしない限り、人口減少社会の本質を把握し、そのゆくえを正しく見定めることはまず不可能でしょう。

晩婚・非婚化と少産・多死化の深層

そこで、以上の視点から、現代の日本で実際に進みつつある晩婚化・非婚化、少産化、多死化の深層を改めて考えてみましょう。

第一に晩婚化・非婚化の進む理由は、すでに一定の豊かさを経験した、結婚適齢期の世代が、結婚によってその水準を落とすことを嫌うからです。彼らの多くは経済的にも時間的にも、それなりに豊かで自由な暮らしを満喫していますから、結婚したり子どもを持てば、間違いなくその暮らしが破られます。

社会全体の豊かさや自由度がまだまだ伸びている時代なら、結婚を選んでも、失うものは少ないのですが、昨今のようにもはや伸びなくなってきた時代には、失うものはかなり大きくなる。そこで、彼らは自分の生息水準と結婚生活を天秤にかけ、そのうえで独身を選ぶ確率を高めます。二〇〜三〇代のニートやフリーターが増加する一因もここにあります。

第二に少産化の進む理由もほぼ同じです。近頃の若い夫婦は共稼ぎが一般的で、その分豊かな経済生活や余暇生活を享受しています。だが、子どもを作ると、有職の妻け妊娠―出産―育児の間、肉体的、時間的、経済的にも仕事や時間をかなり犠牲にしなくてはなりません。さらに一人の子どもに自らと同じレベルの生息水準を与えようとすれば、多くの費用が必要になります。

この環境下で従来の生息水準を維持しつつ、なおも子どもを作っていくには、人口容量の継続的な拡大が不可欠なのですが、現在の日本ではそれが難しい。そうなると、一部の高所得階層を除いて、一般的な夫婦はディンクス（ＤＩＮＫＳ＝Double Income, No Kids＝共働きで子どものいない夫婦）を選ぶことになります。専業主婦を選んだとしても、子どもを作ればそれまでの自由な時間や消費はかなり制約を受けますから、よほどの決意をしない限り、子作りを敬遠するようになる。これこそ少産化の直接的な理由ですが、近年急増している幼児虐待や育児放棄の背景とも重なっています。

第三に多死化が進む理由は、Ⅰで述べたように、現代の栄養水準や医療水準によっても、これ以上の延命が難しくなってきたという事情が基本です。だが、それが加速されるのは、老年世代の暮らしの水準が低下していくという、もう一つの事情が加わるからです。

今のところ、老年世代の経済生活はかなり豊かですが、社会全体の豊かさが伸び悩むにつれ、子ども世代は自らのお金や時間を、老年の親世代の扶養に回す余力を失い、両親はもとより老年世代全体の世話や扶養を嫌うようになります。その結果、老年の親世代の暮らしは次第に低下し、寿命の低下に拍車がかかります。昨今、増加している若者層の老人虐待や年金保険料の支払拒否も、基本的には同じ要因に基づいています。

このように「人口抑制装置」仮説からみると、いささか非情なようですが、さまざまな動物から人間一般に共通する、人口抑制のしくみがくっきりとみえてきます。

少子化対策で人口が減る

以上の視点からみると、現在推進されている、各種の少子化対策は、出生数を増やすことができないばかりか、逆に人口容量を減らしていく、という皮肉な結果を生むことになりかねません。先にあげた人口容量の式をもう一度みてください。

$$\text{V（人口容量）} = \frac{\text{P（総生息容量）}}{\text{L（人間1人当たりの生息水準）}}$$

この式の右辺で、さまざまな少子化対策を実施すると、一人当たりの暮らしは向上し、L（生息水準）が拡大します。Lが拡大すればするほど、Pが拡大しない限り、Vは縮小します。すでに述べたように、日本をとりまく現状は、加工貿易国家という人口容量そのものの限界を示しつつありますから、Pを拡大させることは極めて難しい。とすれば、少子化対策を打てば打つほど、人口容量はますます縮小し、その分、出生数を減らし、死亡数を増やして、結果として人口を減らします。極端ないい方をすれば、「少子化対策は人口を増やすどころか、逆に減らす政策だ」ということになるでしょう。

それでもなお人口を増やそうというのなら、まずはPを増やす努力をするか、あるいはLを抑えるような対応をとるべきでしょう。Lを伸ばしつつVを増やそうというのなら、Lの伸び率以上にPを伸ばすことが必要なのです。

こんなことを書くと必ず誤解されますから、一言断っておきますが、「子育てと仕事の両立を進めるな」といっているわけでは決してありません。「子育てと仕事を両立させよう」という趣旨は充分に理解できます。男性はもとより、女性の生き方がもっと多様化するのは、それはそれで好ましいことです。

ただ、「そうした対策だけで出生数が回復するなどと、安易に考えてはいけない」といっているのです。

死亡数を減らせるか?

では、どうしたら人口は回復できるのでしょうか。人口減少の速度を緩めたり、少しでも回復させる、直接的な方法としては、①死亡数を減らす、②出生数を増やす、③外国人を受け入れる、の三つの方策が基本になります。これらの方法でどれほど回復が可能なのか、順番に考えてみましょう。

まず死亡数の減少。この問題については、昨今、人口回復対策がしきりに喧伝されている割には、まったくといっていいほど話題にされません。人口を維持しようとする時、素直に考えれば、すでに生きている人々をできるだけ失わないことが、真っ先に必要なはずです。ところが、昨今、政府やマスメディアのとりあげる人口回復対策といえば、ほとんどが出生数回復対策です。それればかりか「少子・高齢化」などと問題視して、老年者が増えることはマイナスだ、と端《はな》から思われています。ここには、私たち日本人や日本政府の極めてエゴイスティックな価値観が、あるいはアンバランスな思考態度が如実に現れています。

まことに奇妙なことです。日本人として生まれてきた人々ができるだけ長生きし、与えられた寿命を全うできるのは望ましい現象だ、と評価しなくてはなりません。にもかかわらず、それを忌避するのは、一方では彼らの生活や介護のためにサービス労働や社会保障費が増加すること、他方では彼らが生産力にならないこと、の二つが主な理由だと思われます。

なぜそうした問題意識が生まれるかといえば、一つは老年者の面倒を社会全体でみるという社会保障国家が大前提になっていること、もう一つは工業生産を中心とする産業国家の労働観や年齢観が常識化していること、の二つが背景になっています。短絡的にいってしまえば、「工場やオフィスで働いている人々にとって、そうした職場で働けないような人々は、大きなお荷物になる」ということです。

だが、こうした視点は、「産業国家や福祉国家こそ現代社会の最高の目標だ」とする、極めて狭い発想にすぎません。そうとしか考えられないお役人や経済人の、固定的な観念や常識に基づいているだけです。そうではありません。人口減少が当たり前となった社会や、人生が八五歳となった時代には、七〇〜七五歳まで働くのは当然で、それを可能にするような産業や経済、あるいは社会や文化の構造を作りあげることこそ、新たな課題なのです。

とはいえ、現在、男性が七九歳、女性が八六歳に達した平均寿命を、今後もなお延ばしていくとなると、これはなかなか難しい。なぜなら、Ⅰで述べたとおり、過去五〇年間、ほぼ三年に一歳ずつ延びてきた平均寿命が限界に近づき、一歳延ばすのに、今後一〇年間は五年、その後の一〇年間は九年もかかる、という段階に入ったからです。つまり、現代の栄養水準や医療水準をもってしても、これ以上大幅な延命は無理なのです。そのうえ、若い世代が彼らのための経済的負担を嫌うようになれば、老年者の生息水準はますます低下していきます。

とすれば、二一世紀の少なくとも前半の間は、技術的にも経済的にも、死亡数を減らすのは困難といわざるをえません。幾分緩やかになるとはいえ、死亡率が上がっていくのは避けようもないのです。

出生数を増やせるか？

出生数の回復策はどうでしょうか。出生数が減るのは、直接的には、晩婚や非婚を選ぶ人た

図表7－1　出生率を上げれば出生数が増える？

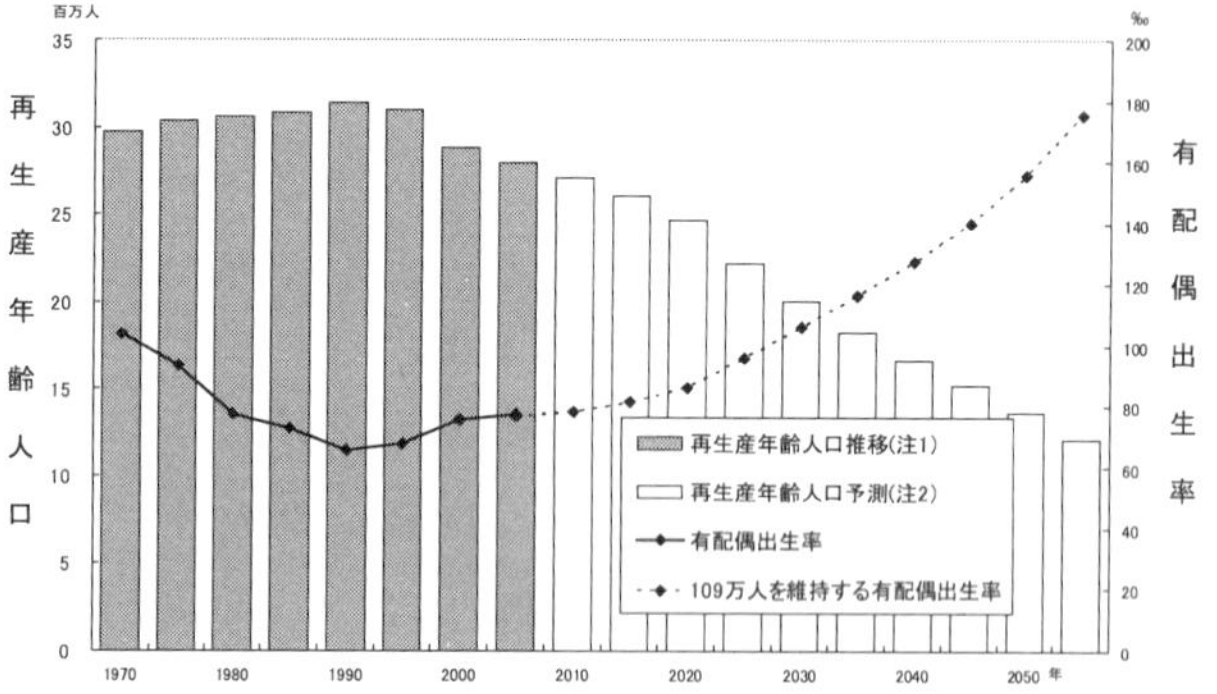

注1:再生産年齢人口推移＝国勢調査各年
注2:再生産年齢人口予測＝国立社会保障・人口問題研究所2006年推計低位値

ちや、結婚しても子どもを作らない夫婦が増えているからです。先に述べたように、結婚適齢期の人たちの間では、結婚したり子どもを作ることより、自分の好みの生き方や暮らしを優先するという選択が増えています。

　そこで、出生数を上げるには、ⓐ出産適齢期（一五～四九歳）の女性人口（再生産年齢人口）を増やす、ⓑ結婚や同棲など彼女たちの有配偶率を上げる、ⓒ配偶者のいるカップルの出生率（有配偶出生率）を上げる、といった方策が必要になります。

　このうち、ⓐの出産適齢期の女性人口については、図表7－1に示したように、一九七〇年の二九八〇万人から九〇年の三一四〇万人までは増えていましたが、そのあたりがピークで二〇〇〇年には二九三〇万人に減りました。今後は、二〇二五年の二二一八万人、二〇五〇年の一三六三万人と、急速に減っていきます。二〇〇五年を一〇〇として、二〇二五年は七九、二〇五〇年は四九にまで落ちていきます。ベビーブーマー世代の女性たちが、すでに出産適齢期を卒業したのですから、もはやどうすることもできません。

そこで二番目にⓑ有配偶率の向上をめざして、適齢者を「晩婚化・非婚化」から「早婚化・全婚化」へと促す対策が必要になります。だが、結婚や同棲はあくまでも個人の意志決定に関わることですから、強制的な介入はほとんど不可能でしょう。

となると、一番期待できるのはⓒ出生率の改善、つまり結婚や同棲しているカップルにできるだけ多く子どもを産んでもらおう、ということになります。出牛率と書くと、必ず誤解されますから一言お断りしますが、ここでいう出生率は「有配偶出生率」のことで、一般に多用されている「合計特殊出生率」ではありません。マスメディアなどでは「合計特殊出生率を上げればいい」と安易に書いていますが、これは間違いです。

繰り返しますが、合計特殊出生率とは「出産適齢期の女性の出生率を年齢ごとに算出し、それぞれの出生率を足し合わせた数値」であり、「一人の女性が一生に産む子どもの数の平均」を示しています。それゆえ、この数値には、先にあげたⓑとⓒが反映されていますが、ⓐはまったく考慮されていません。ということは、たとえ合計特殊出生率が上がっても、出産適齢期の女性人口が大幅に減れば、出生数が増えることはありえないのです。

大幅な回復は無理

そこで、もっと直接的に出生数と結びつく指標として、ここでは有配偶出生率の改善をとりあげました。結婚あるいは同棲している女性の出生率ですから、出産適齢期人口の増減とは無関係です。

昨今、日本の政府が「少子化対策」と称して取り組んでいる、出産休暇や育児手当の充実化、保育施設の増設などは、直接的にはこの数値に関わってくるものです。さらに追加対策として実施されている、父親の産後休暇や育児休業取得の拡大、〝待機児童〟ゼロ化やパートのための特定保育事業創設、子育て支援委員会や子育てバリアフリーの設置など、より強力な支援策もまたこの出生率を上げることになります。

しかし、こうした政策でさほど成果が現れるとは限りません。確かにこれらの政策がうまくいけば、出生数はある程度回復するでしょう。だが、少し増えたくらいでは、先にみた出産適齢期の女性人口の大幅減少を補うまでには至りません。

もし二〇〇五年の出生数一〇九万人を今後も維持しようとすれば、有配偶率が今後も変わらないと仮定して大まかに推計すると、現在七七‰（パーミル、千分率）の有配偶出生率を、図

表7―1に示したように、二〇二五年には九六‰、二〇五〇年には一五六‰にまで上げなくてはなりません。

一五六‰というのは、一人の女性が平均五人の子どもを産んでいた一九五〇〜六〇年代の水準ですから、まず無理でしょう。現在考えられている程度の支援策では、一割程度上げるのがせいぜいです。現に厚生労働省の試算（二〇〇七年一月）でも、さまざまな出産支援策がすべて成功した場合の総人口への効果は、二〇五五年で一五％程度とされています。

結局のところ、ⓐⓑⓒともかなり困難である以上、少しばかり出生数が回復したとしても、総人口を回復させるまでには至りません。にもかかわらず、少子化対策が成功すれば出生数が大幅に増えたり、人口が回復するかのように喧伝するのは、ミスリード以外のなにものでもありません。

外国人を増やせるか？

死亡数の低下や出生数の増加が期待できないとすれば、残るのは外国人の受け入れ拡大しかありません。しかし、アメリカ、カナダ、オーストラリアのような多民族国家と違って、〝少民族〟国家を伝統としてきた日本では、一気に外国人を増やすことなどまず不可能です。

現に日本政府は外国人労働者、とりわけ単純労働者の受け入れに厳しい制限を加えています。

その理由として真っ先にあげられるのは、「低賃金の単純労働者を受け入れると、日本人の雇用不安や労働条件が悪化する」とか、「好況時に大量に受け入れると、不況時の失業率が高まる」といった雇用・労働問題です。さらに社会・経済的にも、教育負担や社会保障負担の拡大、第二世代という新国民の増加、特定地域に集中居住するゲットーの形成、犯罪の増加や風紀の乱れ、文化摩擦や国際問題の流入といった問題が懸念されています。

もっとも、最近では経済界などから、労働力の不足対策や、社会保障を支える年齢層の補充対策として、さらには消費市場の縮小をくい止める消費者補塡《ほてん》対策としても、積極的に外国人を受け入れるべきだ、という主張が強まっています。あるいはグローバル化への対応策として、一定規模の受け入れが望ましい、という意見も増えています。とすれば、こうした利点と欠点を充分に理解したうえで、できるだけ混乱の少ない形での外国人の受け入れを進めていかなくてはなりません。

日本政府はこれまで、合法的に外国人を受け入れる手順を、長期滞在、永住、帰化（国籍取得）の三段階で認めてきました。この段階を追って在留期間が長くなりますから、まずは長期滞在者としての受け入れの可否が課題になります。だが、長期滞在者として認められているのは専門的・技術的職種だけで、いわゆる単純労働者は除外されています。わずかに日系人であることを証明できる外国人だけが、この資格で入国できます。

法務省入国管理局の「外国人登録者統計」によると、二〇〇五年末に国内に住んでいる長期滞在者と永住者は二〇一万人に達していますが、国勢調査では三カ月未満の非常住者と外交官・軍人およびその家族などを除きますから、純常住者は同年一〇月現在で一五六万人であり、総人口の一・二二%にあたります。ここには韓国・朝鮮籍などの「特別永住者」が四五万人ほど含まれています。

一五六万人のうち一般業務への就労者は約六〇万人で、就労比率は三九%です。この中には専門的・技術的職種や技能実習者などが約二〇万人、日系人が二二万人、学生アルバイトなどが一〇万人含まれています。これに約三〇万人と推定されている不法就労者を加えると、外国人労働者の総数は約九〇万人で、総就業者の〇・一四%を占めています。

振り返ってみると、外国人常住者の数は、一九八〇年代までは七〇万~八〇万人でしたが、九〇年代初頭に一〇〇万人を超えたあたりから増えはじめ、九五年には一一四万人、二〇〇〇年には一三一万人、二〇〇五年に一五六万人と急増しています。過去五カ年の年平均増加率は三・五五%に達しています。

二〇五〇年に七五二万人へ

もしこの増加率が今後も続くとすれば、図表7―2に掲げたように、二〇一〇年に一八六万

図表7－2　外国人はどこまで入れられるか？

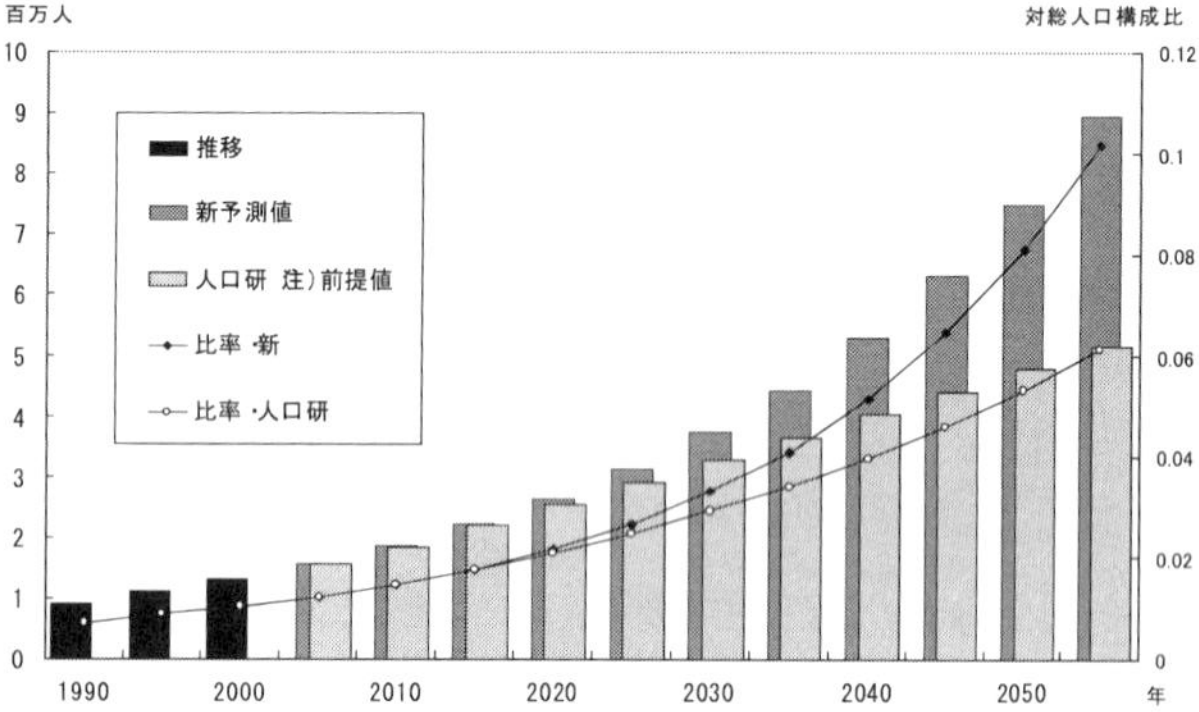

注：人口研＝国立社会保障・人口問題研究所2006年推計定位値

人、二五年には三一四万人、三〇年に三七四万人となり、さらに五〇年には七五一万人に達します。

国立社会保障・人口問題研究所の人口予測値では、外国人の五カ年ごとの増加分を二九〇万～三七〇万人と見込んでいますから、これを超えて増える分は二〇一〇年で約一万人、二五年で二二万人、三〇年で四四万人、五〇年で二七二万人となり、総人口に占める比率は、二〇〇五年の一・二二％から、一〇年一・四七％、二五年二・六七％、三〇年三・三一％、五〇年八・一〇％に上がります。

この数字は果たして実現できるでしょうか。二〇二五年の三一四万人あたりまでは可能かもしれません。今後二〇年間で、現在のほぼ二倍にすることは、政策次第で実現できると思います。だが、その後も増え続けることは次第に困難になります。総人口に占める比率が上昇するにつれて、プラスよりもマイナスの影響が次第に増えてくるからです。

すでに多数の外国人を受け入れているヨーロッパ諸国でも、総人口に占める比率が四〜五％を超えたあたりから、さまざまなマイナス現象がみえはじめ、次第に抑制に転じています。その結果がドイツの八・九％、フランスの七％程度という現状になっています。とすれば、日本でも二〇三〇年代後半から問題の拡大が予想されますから、二〇五〇年ころの七五一万人、総人口の八・一％あたりがとりあえずの上限となると思われます。

それにしても、ここまでの受け入れが実現すれば、日本は二〇四〇年代までなんとか一億人国家を維持することができます。いいかえれば、一億人国家とは相当規模の外国人を受け入れて、日本なりの多民族国家をめざすことを意味しているのです。

日本人が絶滅する？

日本の人口を回復する対策として、死亡数の減少、出生数の増加、外国人の受け入れという三つの対策を眺めてきました。このうち、死亡数対策や出生数対策は積極的に行なったとしても、その効果はかなり緩慢で限定的なものになるでしょう。そうなると、唯一つ、外国人の受け入れ策が有効と思われますが、これまた実際に拡大していくとなると、かなり困難でしょう。

さまざまな問題が発生してきますから、なによりも国内の合意形成に多くの時間がとられることになります。

このように書いてくると、日本の人口にもはや回復の余地はない、と思われるかもしれません。実際、世の中にはそうした意見も多く、「日本人は三三世紀に消滅する」と悲観的に書き立てる新聞や、「現在の減少傾向が続けば九〇〇年後に日本人は絶滅する」と極論を吐く人口学者も現れています。

だが、これらの意見はいずれも、過去の常識や人口統計の枠内にとらわれた、極めて狭い発想にすぎません。もう少し視野を広げて別の視点にたてば、まったく違った展望も可能です。たとえば、この本で述べてきた人口容量説や人口波動説の立場にたつと、「人口はいつまでも減っていくのではなく、必ず反転の可能性がある」という展望が開けてきます。本当にそんなことができるのか、章を改めて考えてみましょう。

Ⅷ 人口反転の条件

人口容量に余裕が出る

人口には必ず反転の可能性がある、と前章で述べましたが、実際にそんなことが起こりうるのでしょうか。

このテーマを考えるには、Ⅳの「人口が減るのは人口容量の壁に突きあたったためだ」という説明に戻らなければなりません。なぜなら、この文章を逆から読むと、「人口が減っていく以上、人口容量には余裕が出てくる」という論理に容易にたどり着けるからです。こうした論理をもう一歩進めれば、「余裕が出てくると、人口は再び増加する」という仮説にまで到達することができます。

では、実際にその可能性はあるのでしょうか。人口容量説の次元に立ち戻って、回復可能性を考えてみると、次のような展望が可能になります。さきに図表2―3で、人口容量の限界に突きあたった後、人口が一貫して減っていくのは、出生数が減り続け、死亡数が増え続けるか

図表8－1　人口動向と生息水準の推移

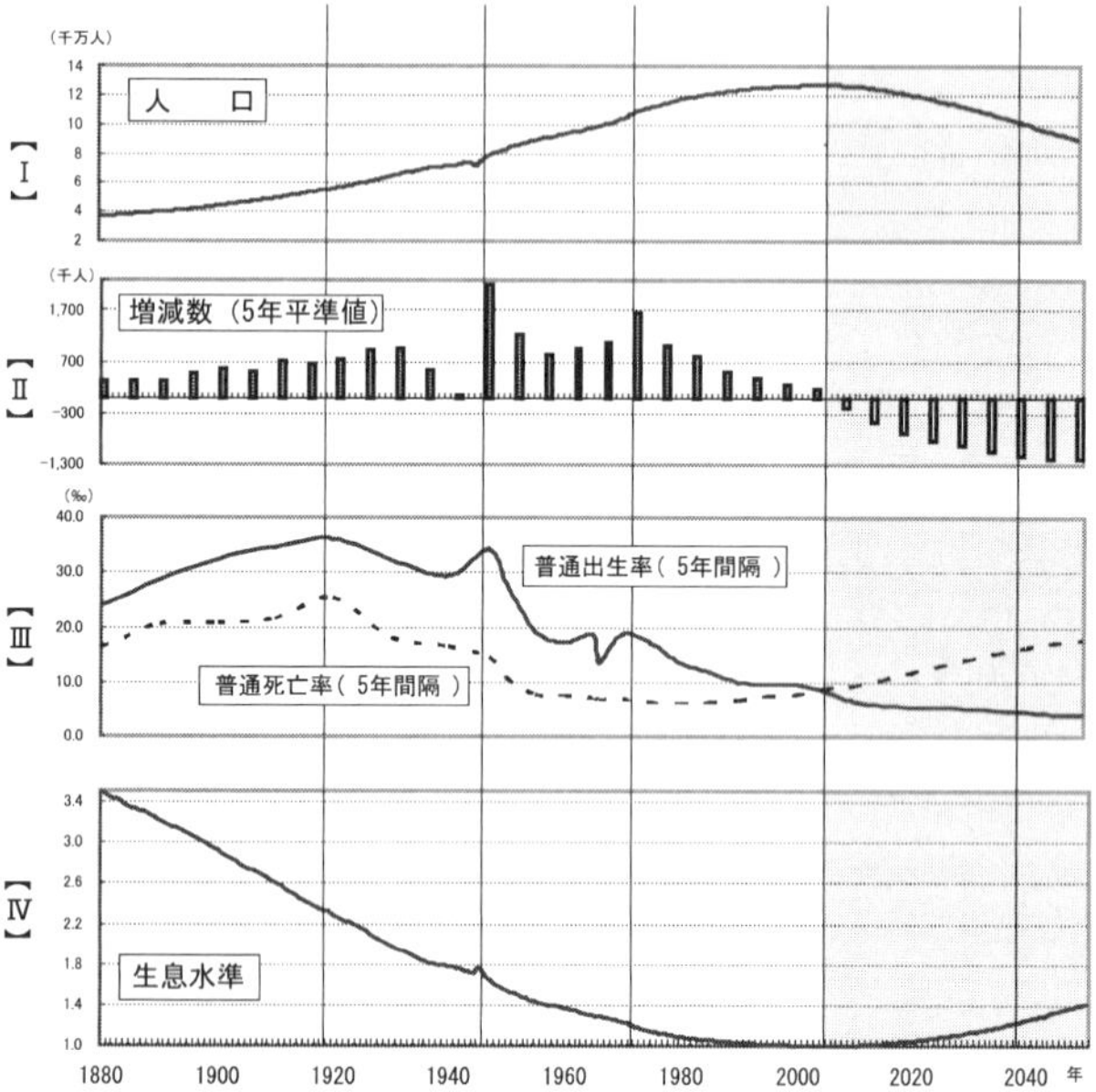

データ出所：国立社会保障・人口問題研究所『人口の動向　世界と日本』（各年），
同・2006年推計低位値

らだ、と書きました。実際に一九世紀末から二一世紀に至る、現代日本の人口推移を、同じ様式で描いてみると、図表8―1になります。この図表から主な傾向を読みとってみましょう。

① 【Ⅰ】のグラフで総人口の推移をみると、一八八〇年代から一途に増加し、一九四五年前後に一時的な停滞をした後、再び増加傾向を取り戻して、二〇〇四年にピークを迎え、その後は減少を続けている。

② 【Ⅱ】のグラフで増減数（五年平準値）の推移をみると、一八八〇年にはじまり二〇〇四年に至る、大きな山と、二〇〇五年にはじまる谷が読み取れる。さらに詳しくみると、前者の山は一八八〇～一九四〇年、四〇～五五年、五五～二〇〇四年の、三つの小山に分かれている。本来なら一つの山であるべきものが三つに分かれているのは、いうまでもなく太平洋戦争の影響である。

③ 【Ⅲ】のグラフで普通出生率と普通死亡率（ともに総人口に対する千分率）の推移をみると、両方とも一九二〇年ころから長期的な低下傾向が現れている。但し、出生率については、四〇～五〇年と六〇～七〇年に一時的な上昇がみられ、前者は太平洋戦争時の「産めよ増やせよ」政策とその延長線上での戦後のベビーブーム、また後者は第二次ベビーブームがそれぞれ要因となっている。その意味でベビーブーマーと第二次ベビーブーマーは特

異な世代である。他方、死亡率については、一九七〇年代に底を打ち、その後は緩やかに上昇に転じている。

以上の三図が過去一二五年間の人口動向です。これをみれば、あくまでも概念図である図表2―3（44ページ）の構造が、現実の人口推移にも如実に現れていることがわかります。

生息水準が上がる

実をいうと、これらの動きは、生息水準の変動と密接に関わっています。生息水準とは、IIIで述べたように、人間という種が生きていくための、経済的、時間的余裕はもとより、文化や精神的な自由度までを含めた、人間独自の生存水準のことです。

この生息水準は人口容量によって決まります。何度か述べましたが、人口容量とは人口が減りはじめた時の数量であり、人口波動でいえば、一つの波動がピークに達した時の人口規模です。具体的にいうと、石器前波では約三万人、石器後波では約二六万人、農業前波では約七〇〇万人、農業後波では約三二五〇万人でした。同様に工業現波の人口容量は、ピーク時の一億二八〇〇万人です。

人口容量の上限が決まれば、人間一人当たりの生息水準も自ずから決まってきます。最も単純に考えれば、ある年の生息水準とは、人口容量をその年の総人口で割った比率です。現代日本でいえば、ピーク時の一億二八〇〇万人に対する毎年の人口の比率ですから、工業現波のはじまった一八〇〇年ころの四・一六が上限、二〇〇四年の一・〇〇が下限となります。一八〇〇年ころの水準が現在より高かったというと、そんなはずはない、と反論されそうですが、実際に高かったというより、どこまでも高まっていく可能性に溢れていた、というべきかもしれません。いわゆる「坂の上の雲」（司馬遼太郎）だったのです。

一八八〇年以降の推移は、図表8―1の【Ⅳ】のとおりです。一八八〇年の三・四九からはじまり、一九〇〇年の二・九二を経て一九四〇年には一・七八まで低下し、一九七〇年前後に一・二〇を割って、二〇〇四年に下限の一・〇〇にたどりついています。しかし、これ以後は人口が減少するにつれて再び上昇に転じます。もし人口が国立社会保障・人口問題研究所の予測（低位値）をたどるとすれば、二〇三五年前後に再び一・二〇を回復し、二一〇〇年には三・四〇まで上昇するはずです。

以上のように、生息水準は人口が増加する時には低下し、人口が減少する時には上昇します。これを【Ⅰ】【Ⅱ】【Ⅲ】と比べてみると、一九四五年前後と一九七〇年前後に大きな変化が読み取れます。先に述べたように、前者は太平洋戦争の影響、後者はベビーブーマー二世の誕生によるものです。

とりわけ大きな変化は七〇年前後です。この時点から普通死亡率は底を打って上昇しはじめ、また普通出生率も六〇年代の回復傾向を失速して再び低下に転じ、その結果として人口増加率も落ちはじめています。生息水準と比較してみると、ほぼ一・二〇を割った時点です。つまり、現代日本の工業現波では、生息水準が一・二〇を割ると、出生率は低下へ、死亡率は上昇へと転じ、人口増加の伸び率も低下しはじめるということです。

一・二〇に落ちるまでの間、生息水準は出生率と死亡率の長期的な低下傾向を緩やかに進めてきたのですが、このラインを切ると、一気に影響が拡大しています。R・G・ウィルキンソンが「社会は人口抑止のメカニズムを制度化しており、それは極端な経済的圧力のもとでのみ適応する」（前掲書）と述べていますが、「経済的圧力」という表現を広義に解釈すれば、生息水準に極端な圧力がかかるようになると、一気にメカニズムが作動しはじめる、ということでしょう。

以上の視点を裏返せば、抑制メカニズムの緩む条件がみえてきます。すなわち、生息水準が一・二〇を超えると、今度は出生率が上昇を、死亡率が下降をそれぞれ開始し、それにともなって人口減少の低下傾向が緩んでくる、ということです。さらにその延長線上では、人口増加の可能性が生まれてくることが示唆されています。

二〇八七年に反転？

そこで、生息水準が一・二〇を超えた時、どこまで人口が回復できるのか、大まかなシミュレーションを試みてみましょう。主な前提と結果は図表8―2に示しましたが、まず前提条件は次のようなものです。

① 今後の人口予測値として、国立社会保障・人口問題研究所の低位値（【Ⅰ】）を採用すると、生息水準が一・二〇に戻るのは、二〇三五年前後である（【Ⅱ】）。

② この時、二〇三五年の普通出生率と普通死亡率には、一九七〇年前後の水準へ戻る可能性が生まれる。具体的にいうと、出生率は四・八‰から一八・八‰まで上がり、死亡率は一五・三‰から六・九‰まで落ちていく。

③ 但し、一挙に変わることはできないから、両者が一九七〇年代の水準を取り戻すには、それなりの時間がかかる。およその時間を想定してみると、出生率の低下と死亡率の上昇がはじまった一九七〇年を基点に、検討時点の二〇三五年に至る、約六五年間が一つの目安になる。そこで、二〇三五年を基点、六五年先の二一〇〇年を目標時点とする二次関数（二〇三〇年、二〇三五年、二一〇〇年を結ぶ曲線）を想定し、出生率と死亡率が徐々に上昇、下降していくものと仮定する（【Ⅲ】）。

図表8－2　人口反転の可能性

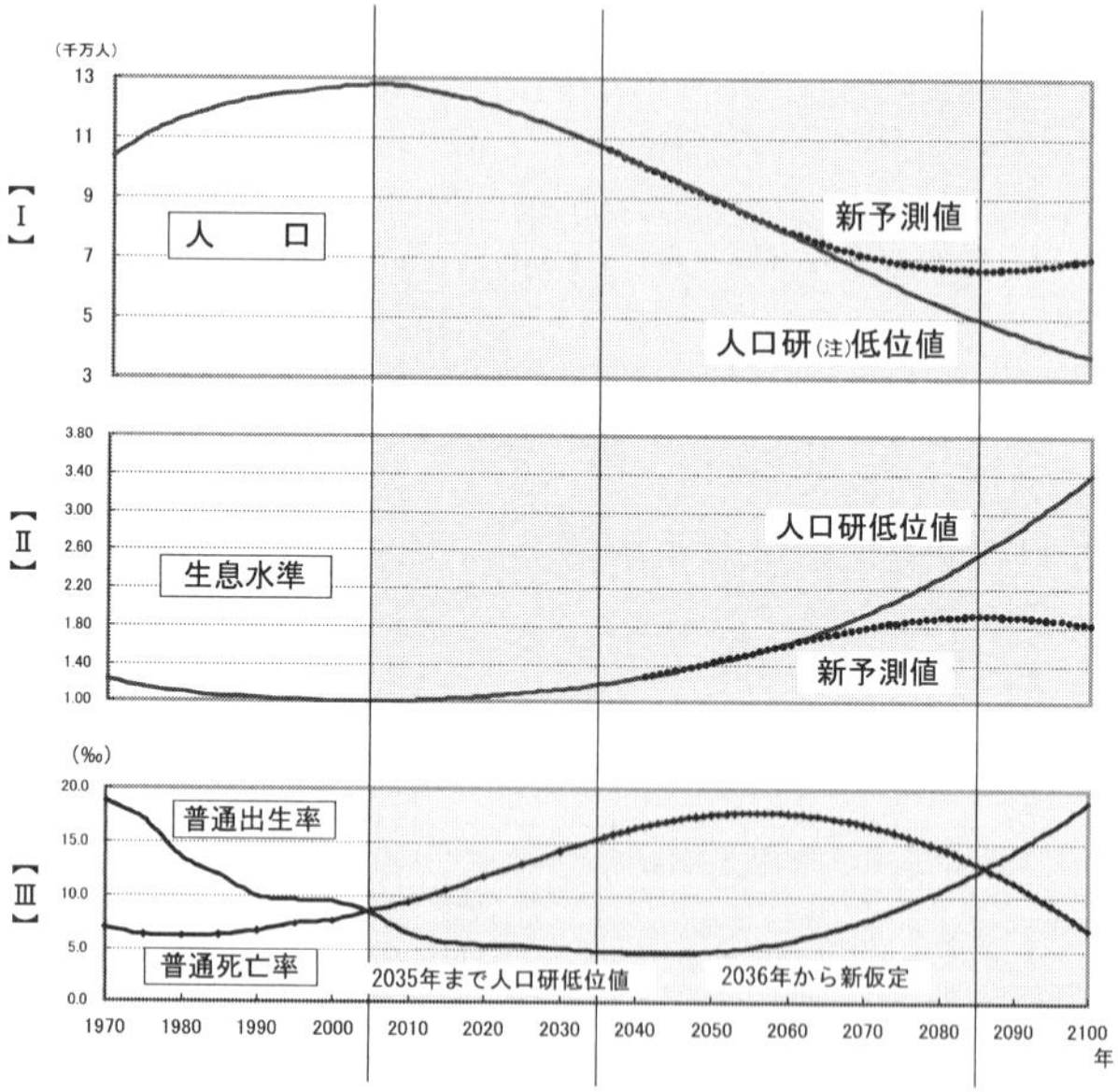

データ出所:国立社会保障・人口問題研究所『人口の動向　世界と日本』(各年),
同・2006年推計低位値

以上のような条件のもとで、二〇三五年以降の人口動態がどのような速度で変化していくかを推定してみると、次のように予測できます。

① 二〇八七年に出生率は一三・〇‰、死亡率は一二・四‰となって、前者が後者を上回る（【Ⅲ】）。その結果、出生数は六四万人、死亡数は六一万人となり、増減はプラス三万人となる。

② これにより、人口は二〇八六年の六六六五万人で底を打ち、二〇八七年から増加に転じる。

③ この年以後、人口は徐々に増加して、二一〇〇年には七〇一四万人と七〇〇〇万人台を回復する（【Ⅰ】）。

④ 人口増加に伴って、生息水準は再び下がりはじめ、二二世紀後半に一・二〇を切る（【Ⅱ】の延長線上）。

⑤ そのころから再び出生率は低下、死亡率は上昇をはじめ、一九七〇年代と同様に人口増加率を落としていく。

⑥ 一億二八〇〇万人の人口容量に変化がない限り、その約三五年後から再び人口減少がはじまり、数十年の間隔で増加・減少のサイクルが繰り返される。

このように、人口容量説からみると、生息水準の上昇に伴って、日本の人口は二〇三五年ころから減少傾向を緩め、二〇八七年ころから反転するものと予測できます。いうまでもなく、このシミュレーションでは外国人の出入を考慮していませんから、国外からの大量流入がない場合でも、人口増加に転じる可能性がある、ということです。

とすれば、マスメディアや人口学者のいうように、日本の人口はいつまでも減り続けるのではなく、二一世紀の後半に歯止めがかかる、と考えるべきでしょう。もっとも、その後しばらくは増えていきますが、そのまま増え続けるのではなく、やはり人口容量の壁にぶつかると再び減りはじめます。要するに、人口容量が大きく革新されない限り、一億二八〇〇万人を上限として、数十年間隔で小刻みなサイクルを続けていくのです。

人口容量を維持する

以上を要約すると、日本の人口は二〇八〇年代に約六七〇〇万人で底を打ち、以後は徐々に増加して、二一〇〇年に七〇〇〇万人を超え、二一五〇年ころに一億人の大台を取り戻す可能性があります。人口容量が今後もなお一億二八〇〇万人台を保っておれば、人口減少によって一人当たりの生息水準が上がり、人口が回復してくる可能性が生まれるのです。こうしたマクロな展望はどこまで当たるのでしょうか。これを実現するには、およそ三つの条件をクリアしなければなりません。

第一は一億二八〇〇万人の人口容量を今後も維持することです。二一世紀初頭に日本が到達した人口容量は、先に述べたように加工貿易文明が創出したものです。この容量に突きあたったため、少産・多死化が起こり、人口が減りはじめたのです。だが、この容量が落ちなければ、一人当たりの生息水準は上昇し、人口は必ず反転します。

人口容量を維持するためには、とりあえずは加工貿易文明を継続しなくてはなりません。この文明に代わる新文明を直ちに創出できればいいのですが、それには少なくとも数十年が必要ですから、すぐには無理です。しばらくの間は一億二八〇〇万人体制を作りあげた知恵やノウハウで、日本列島の活用法を改良していくしかありません。

そこで、最も基礎になる食糧・資源を確保するため、農・水産技術や資源・エネルギー獲得技術を改良して生産量を維持、拡大していくことが必要です。今後八〇年間に六七〇〇万人まで人口が減っていくとしても、食糧・資源・エネルギーの需給破綻が予想される二一世紀の国際環境を考えれば、自給力の向上は必須の要件です。

しかし、自給量の増加には限界がありますから、ある程度の輸入は続けなくてはなりません。その対価を得るためには、やはり輸出商品が必要です。いつまでも電気製品や自動車の輸出に頼っておられればいいのですが、二一世紀の国際市場で「工業製品安・農業産品高」の傾向が強まってくる以上、そうはいきません。一刻も早く次の輸出産業を育て上げることが望まれます。他国のまねのできない商品やサービスを開発するという課題ですが、それには次にあげる、三つの産業分野の創出が有効だと思います。

三つの産業分野を創出する

一つはいうまでもなく、先端技術の応用による新商品の開発です。エレクトロニクス、バイオテクノロジー、ナノテクノロジー、新素材、自然系エネルギーなど、二〇世紀末から急速に進展してきたハイテクを徹底的に応用し、新たな用途や効用を持った商品を創造することです。とりわけ中核となるのは、モノの物質的価値を超えて、電子や遺伝子などによる〝情報搬送装置〞としての効用を持った商品を次々に生みだすことでしょう。

もっとも、新技術の単なる開発だけでは、輸出や内需を維持、拡大することはできません。技術開発や新商品開発の競争がますます激化する、二一世紀前半の国際社会では、先端技術をいかなる分野に応用し、どのような新商品や新サービスを創造していくか、がより問われるようになるからです。それには、私たちの生活や社会の中に潜んではいるものの、未だ商品化されていない未知の分野へ向かって、積極的に挑戦していかなければなりません。

そこで二番めに考えられるのが、人口減少に対応する生活産業分野です。人口が減少していく社会や生活の中から、新たに発生しはじめている、さまざまな生活需要に向けて、積極的に対応する産業を育成することです。たとえば、少産化に対応する出産・育児支援・教育分野、長寿化に対応する健康・能力維持や介護・医療分野、人口分布の変動に対応する住宅・都市関連や生活サービス関連分野、さらには食糧・資源・エネルギーの自給率や安定供給を高める分野、環境の保全や改良に関わる産業分野などです。

とはいえ、人口減少から発生する需要は、これだけではありません。人口減少社会では生活構造の変化に加え、社会的なムードや生活者の感性など、いわば心理構造の面でも大きな変化が進んでいきます。一言でいえば、人口増加社会が「成長・拡大・活力」をめざす社会であったとすれば、人口減少社会は「成熟・濃縮・余裕」を重んずる社会になっていくからです。

となると、三番めには、人口減少社会にふさわしい生活価値観やライフスタイルに対応した、新しい心理産業分野が有望になります。たとえば、ヨーロッパのシンプルライフやスローライフの延長線上で生まれる、日本型の「知足生活」型商品、身体や五感の鋭敏化に対応する官能型商品、神話や呪術など象徴的な需要に応えるスピリチュアル商品、少なく生まれた人間が「太く長い人生」を生きていくための学習や鍛錬、創造力や発想力の練磨、信仰や修行などに関連する新商品や新サービス、さらにはより豊かな人生を実現するための、新たな遊戯産業などです。

こうした分野の拡大は、産業の重心がモノ中心の「必需品」分野から、ココロ中心の「必需心《い》」分野に向かっていくことを示していますが、この点については、文化や情報の問題とも関わってきますから、IXで改めてとりあげることにします。

要するに、二番め、三番めの分野は、世界中で最も高度な消費社会の一つに生きている日本人の、より成熟した消費願望に対応して、新しい効用を持った商品やサービスを的確に創りだしていくことを意味しています。もしそうした商品を開発できれば、国内市場を拡大できるだけでなく、世界のライフスタイルをリードすることで、新たな輸出産業を創りだすことができるでしょう。なぜなら、人口減少社会への移行が先進国の宿命である以上、欧米の先進国はいうにおよばず、アジアや南米などの途上国においても、間もなく同じような社会構造と生活需要が発生してくるからです。

ともあれ、これら三つの産業分野を創造していくことができれば、二一世紀前半の日本はこれらの商品を輸出して、その対価で食糧や資源を輸入し、一億二八〇〇万人の人口容量をなお維持していくことができるでしょう。

生産性を上げる

第二の条件は、減っていく人口で一億二八〇〇万人規模の社会・経済体制をなんとか維持していくことです。経済規模の維持でいえば、労働力人口の確保と生産性の大幅な向上が必要になります。労働力の規模を極力維持していくには、六〇〜七〇代の人々はもとより、専業主婦、フリーター、ニートなど、現在潜在化している労働力を、積極的に活用する雇用体制が求められます。それには就業環境や就業条件の大胆な改革をはじめ、終身雇用や正規雇用といった、従来の枠組みまでも大きく超えて、より柔軟な労働環境を作りあげていかなくてはなりません。

だが、それでもなお減っていく労働力で、従来と同じ規模の生産を維持していこうとすれば、パソコンやロボットを駆使し、あるいは新たなテクノロジーを開発して〝労働生産性〟を上げていく必要があります。他方、人口減少に比例して縮小していく売り上げを維持するには、高くても売れるような、あるいはより多くを購入してもらえるような、新しい選択品を生み出せる能力、つまり〝創造生産性〟の向上も求められます。

また生活空間や生活時間の水準を維持していくためにも、少なくなった人材を最大限に活用していくような対応が必要です。国土保全、交通・情報環境、医療・衛生環境などのメンテナンスやマネジメントには、最小の労働力で最大の効果を上げうるようなシステム作りが求められるでしょう。

そのためには、ＩＴ（情報通信技術）やロボット技術の応用範囲の拡大とともに、それぞれの専門分野で生産性を大幅に上げられるようなソフトテクノロジーの開発も急務になってきます。同時にこれらの技術やノウハウを有効かつ的確に使いこなしていくためには、やはり労働生産性と創造生産性の両方を合わせ持った、有能な人材の育成が必要になるでしょう。

要するに、一億二八〇〇万人の人口容量を作りあげた日本人の能力水準を、このまま低下させないように努めるとともに、いっそう発展させていくことが必要なのです。

最大限にゆとりを活かす

第三は、以上のような対応によって生まれくる生息水準のゆとりを、適切に活かしていくことです。経済面でいうと、IXで詳しく述べるように、今後もゼロ経済が維持できれば、人口が減る分、一人当たりの個人所得（実質）は増えて、現在の三九一万円から二〇二五年には一・〇七倍、二〇三五年には一・一六倍にまで上昇します。成長率がゼロ水準から少しでも上がれば、個人所得はもっと上がります。

空間面、時間面でも適切なメンテナンスを続けることができれば、経済面以上に余裕が生まれてきます。空間面でいえば、加工貿易文明、つまり科学技術を応用して作りだされた、現代日本の居住環境は、都市装置や交通、通信、情報装置などで、多くの日本人が所得の高低にかかわらず一様に享受できる自由度を高めてきましたが、今後人口が減っていくと、一人当たりの空間利用度はさらに高まります。

時間面でも交通、通信、情報装置などによる移動時間の短縮や、産業機械や情報ネットワーク装置などの拡大による労働時間の短縮で、日本人の多くがすでに獲得している時間的余裕を、さらに広げていく可能性が生まれてきます。

こうして経済、空間、時間面で余裕が出てくると、当然、精神面にもゆとりが生まれます。従来の人口増加社会ではひたすら成長・拡大に駆り立てられて、ともすれば失いがちであった余裕やゆとりが、人口減少社会の進展とともに大きく見直されてきます。

ゆとりが出てくれば、結婚や同棲などの有配偶率が上がるとともに、夫婦や同棲者の有配偶出生率も上がってきます。多くの未婚者たちは自らの生息水準と結婚生活を天秤にかけ、なお水準が上がることがわかれば、結婚に踏み切るようになります。夫婦や同棲者の間でも、これまでの生息水準が十分維持できることがわかれば、子作りを決断するようになるでしょう。

いうまでもありませんが、こうしたゆとりは、経済的な条件の改善だけで生まれるものではありません。経済的条件は確かに基礎的な条件ですが、それ以上に大切なのは、一億二八〇〇万人の人口容量に拡大した日本社会を、少なくなっていく人口でどこまで巧みに使いこなせるか、という空間面、時間面を含んだ総合的な知恵なのです。

かつて江戸中期の人々は、三二五〇万人の人口容量のもとで「知足」と「分限」をいう精神構造を創りだし、モノよりもココロを重視する生活態度を培っていました。それと同様に、一億二八〇〇万人の人口容量を巧みに味わい尽くすゆとりが必要なのです。

国家目標を転換せよ!

以上にあげた三つの対応に成功すれば、出生率は一九七〇年代の水準を取り戻す可能性が出てきます。二〇五〇年代に四‰を切ると予想されている出生率は、二〇四〇年代以降次第に上昇して、二〇八七年には一三・〇‰程度に回復します。実数でいえば、二〇九〇年代に一八万人を切ると見込まれている出生数が六四万人に戻るのです。二〇〇五年の一〇九万人には及びませんが、二〇二〇年代の水準までは回復します。

出生率が反転すれば、一五〜四九歳の女性の再生産年齢人口も次第に回復してきます。ざっと推計すると、二〇六五年の一一〇四万人までは減っていきますが、その後は微増に転じ、八五年には一一四一万人にまで回復します。ここに生息水準のゆとりが加われば、有配偶率は六〇%程度、有配偶出生率も七〜八%と一九七〇年前後の水準にまで戻り、出生数増加の基盤が整ってきます。

同時に死亡率も、二〇二〇年代の水準に戻る可能性が生まれてきます。生息水準にゆとりが生まれれば、老年者の経済的、空間的、時間的ゆとりが拡大し、その分、平均寿命の延び率が回復してきます。となると、二〇七〇年代に二〇‰を超えると予想されている死亡率は、二〇五〇年代に一七・九‰までは上昇しますが、その後は次第に低下し、二〇八七年には一二・四‰程度になります。実数でいえば六一万人程度ですから、二〇〇五年の一〇九万人より四八万人も低くなるのです。

こうして出生数が増え死亡数が減れば、日本人の人口は減少から増加へ反転します。総人口が増えていけば、その分、外国人の受け入れ枠もまた拡大します。これに伴って、実際に外国人の登録人口が増えれば、人口増加の可能性がさらに高まっていきます。

以上のように考えると、二〇八〇年代以降の人口増加は必ずしも不可能ではありません。一億二八〇〇万人の人口容量をなんとか維持するとともに、人口減少によって生まれてくるゆとりを、国民一人ひとりへ適正に行き渡らせるような対策を打てば、その可能性は充分にあります。

それには、近視眼的な少子化対策よりも、過剰な格差拡大を是正し、国民の全体的な生息水準を上げていくような、より長期的な社会・経済政策が求められるでしょう。あるいは形ばかりの社会保障政策よりも、少しでも生涯現役に近づけるような社会政策や、平均寿命の延び率をさらに上昇させるような、医療政策や経済政策も必要になるでしょう。おそらくこうした方向は、産業国家や福祉国家を至上としてきた、従来の国家目標や社会目標さえももう一度見直すことを意味しています。

以上の方向がはたして妥当なのかどうか、それを確かめるため、次章では人口減少社会の先例を探ってみましょう。

IX　濃縮社会をめざす

三つの進路は正しいか？

二一世紀後半に人口を反転させるためには、社会の方向を変えていかなくてはなりません。その方向とはいかなるものでしょうか。

何度も繰り返しますが、人口減少の原因は人口容量の限界にあります。現代日本がハイテク化、日本的市場経済、グローバル化の三つ、いいかえれば科学技術、市場主義経済、国際協調主義の三つが作りあげた、一億二八〇〇万人の壁に突きあたったからです。そこで、今後進むべき方向として、最近ではいくつかの社会目標がとりざたされています。主なものを整理してみると、図表9―1に示した三つの目標が目立っています。

第一はこの壁をなんとか突破して再び人口を増加させ、社会を成長・拡大に戻そうという方向です。経済学者やエコノミストの多くが提唱し、ヒルズ族やITバブル派といったビジネスマンの多くが賛同している動きで、「アップライイジング」や「アップサイジング」とよぶこと

図表9－1　人口減少社会の4つの方向

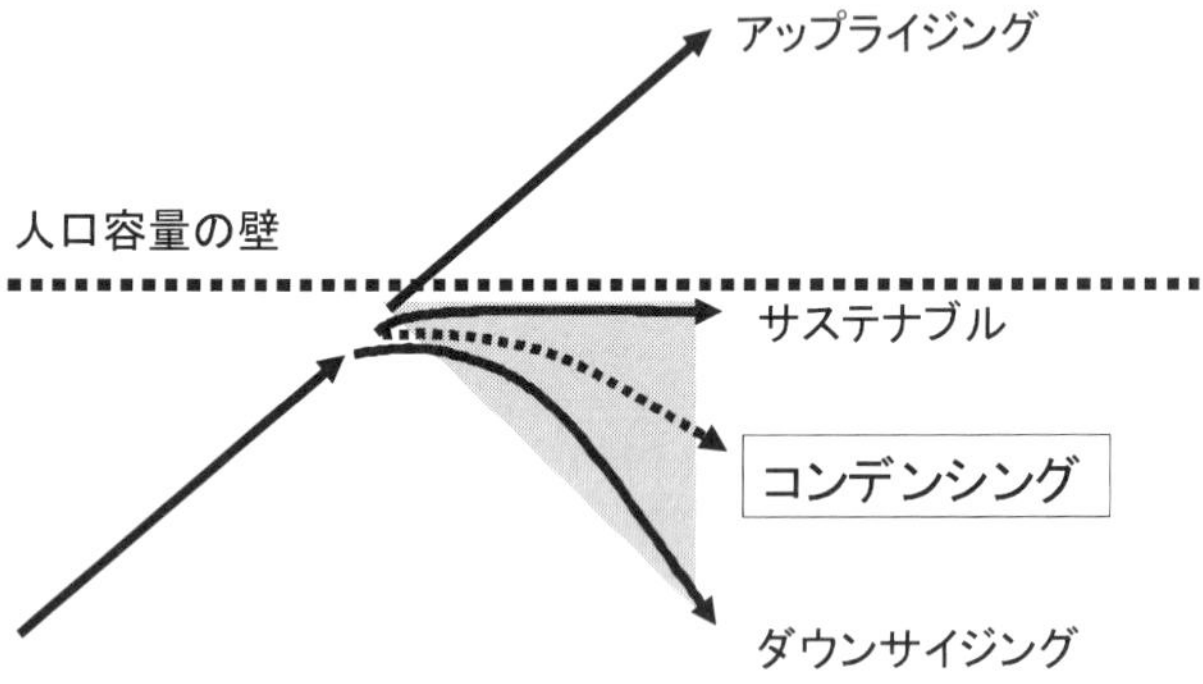

ができます。

だが、これまでみてきたように、この壁を突破するのはかなり困難です。電気製品や自動車を高く輸出して、資源や食糧を安く輸入する国際経済環境がすでに崩れはじめている以上、それに代わる、新たな輸出産業を作りだす必要がありますが、IT関連産業やM&A（合併・買収）ビジネス程度では、とてもその期待に応えることはできません。Ⅷで触れたように、もっと本格的な次元から新技術の開発や新産業の創造が求められるでしょう。

そこで第二に提案されているのは、これとはまったく逆に、人口が減りはじめた以上、いち早く社会をそれに適応した形へ変えようという方向です。多くのマスメディアが唱える「ダウンサイジング」や「シュリンキング」、あるいは都市計画学者が提案する「コンパクト化」など、人口規模に比例して社会規模も縮小させようという目標です。

確かに消費者も労働者もともに減っていく以上、経済規模も縮小していくように思えますから、社会規模もまた縮小すべきだ、というのは妥当な目標かもしれません。だが、労働力が減ったとしても、社会資本はもとより生産設備や生産ノウハウはなお維持されていきます。徐々に減っていく国民がその分努力して、少しずつ生産性を上げていけば、経済規模は容易に維持できるはずです。人口が減るからといって、せっかく到達した一億二八〇〇万人規模の社会を、あえて縮小していく必要性が果たしてあるのでしょうか。

第三の方向は、第一、第二の方向に疑問があるとして、最近とみに主張されているもので、一億二八〇〇万人のラインをなんとか維持しようとする提案です。人口学者の多くが唱える「静止人口目標論」とか、環境学者が挙《こぞ》って提唱する「サステナブル（持続可能な）社会」、あるいは後者のライフスタイル版としてマーケティング関係者が提唱する「ＬＯＨＡＳ（ロハス）」です。ＬＯＨＡＳとはLifestyle of Health and Sustainabilityの頭文字で、アメリカの心理学者が提唱した生活態度ですが、当然のようにサステナビリティーが前提になっています。

これらの目標は一見、地球環境に見合った、優しげな方向に思えます。だが、人口動態でみるかぎり、自然のままの社会にはまず存在しない、極めて人工的な目標です。たとえば貯蔵穀物害虫のヒラタコクヌストモドキの個体数は、図表2―2（43ページ）に示したとおり、三〇～六〇週は持続しますが、その後は減少していきます。

人間の場合も静止状態を持続していくには、IIで触れたように、新たに生まれた分だけ死んでもらったり、死んだ分だけ産んでもいいという、過酷な条件に従わなければなりません。これは深沢七郎が出世作『楢山節考』で描きだした、姥捨てと間引きの世界そのもので、LOHASならぬ「LONAS（Lifestyle of Narayama Song）」なのです。

フランスの歴史人類学の権威ル・ロワ・ラデュリがいみじくも指摘しているように、「人口のゼロ成長」などは「現代では、均衡に郷愁を抱く全世界の人口統計学者たちの〝実現困難な〟夢」にすぎません（前掲書）。こうした構造すら理解しないで、サステナビリティーやLOHASなどを、あたかも好ましい生活様式や新しいライフスタイルなどともてはやすのは、軽薄以外の何ものでもないでしょう。

こうしてみると、昨今のマスメディアにしばしば登場する、これら三つの方向はいずれも見当違いではないでしょうか。

歴史の先例に学ぶ

では、どこへ向かえばいいのでしょう。過去の人口減少社会を振り返ってみると、まったく別の道があります。それは、一億二八〇〇万人にまで広げた人口容量の余力を、減っていく人口でもっと活用していくという方向です。実をいうと、一つ前の農業後波の減少期には、日本でもヨーロッパでも、この方向を採ることによって、次に来るべき新文明の開拓に成功してきたのです。

まず江戸中期の日本をみてみましょう。Ⅵで述べたとおり、農業生産の限界化や飢饉の影響で、一七三〇年前後に約三二五〇万人でピークに達した人口は、その後徐々に減少して、一七九〇年前後に三〇〇〇万人を割り、一八〇〇年ころまで停滞しています。

ところが、耕地面積や実収石高は減少しませんでした。速水融が推計したところ、一七二〇年から一八〇〇年にかけて、耕地面積は二九三万町から三〇三万町へ三%ほど増加し、実収石高も三二〇三万石から三七六五万石へ一八%ほど増えています。その結果、一人当たりの実収石量は一・〇二石から一・二三石へ二〇%も上昇しました。「この実収石高には非農業生産は含まれていないが、近世後期における農間余業形態での加工業稼得や町場での商工業所得の伸びを考えれば、一人当たり所得はより成長して」いました（前掲書）。人口が減ったにもかかわらず、一人当たりの所得はかなり増えていたのです。

なぜこんなことが起こったのでしょうか。その理由を速水は、田畑輪作の拡大、農機具の改善と普及、肥料の改善、虫害防止の進展、品種改良の進歩、作物多様化、農産加工業の発達、進展などが相互に関連し相乗効果を上げた結果である、と説明しています。要するに、既存の農地や家族労働の効率化、つまり生産性が向上したからです。

もう一つ、中世末期のイギリス（イングランドとウェールズ）をみてみましょう。ここでも農業生産の限界化やペストの蔓延で、人口は一三四〇年の三七〇万人から一四四〇年に一六〇万人へと、一〇〇年で約四〇％も減っています。だが、労働者階級の実質賃金（一四五一～一四五七年を一〇〇とする指数）は、一三四〇年の五五から一四四〇年の一一〇へ約二〇〇％も上昇しました（ウィルキンソン・前掲書）。

その背景を、ル・ロワ・ラデュリは「ペスト以降、人間がいなくなった世界で、生き残った幾人かの農民の持つ地片が大きくなる。実際、それらの地片は、単独の相続人のもとに集中した遺産相続の効果によって、死者が持っていた小地片を、食細胞活動によるがごとく吸収するのである。これらの、より広くなった所有地の上で、農民たちはより快適に生活する。かくして、一方の不幸が他方の幸福に貢献する」と説明しています（前掲書）。

つまり、人口は減っても農地や生産用具はそのまま残っていましたから、生き残った農民が生産性を大きく伸ばし、実質賃金を約二倍に上昇させたのです。さらに農業生産が復活して穀物価格が安定し、逆に人手不足で賃金は高騰しましたから、一五世紀は「農業労働者の黄金時代」になりました。

江戸中期の日本と中世末期のイギリス、これら二つの先例は、たとえ労働力が減ったとしても、農地、農具、生産技術などの生産資源が保存されておれば、生産性が急速に上がって生産力も維持されることを示しています。現代日本の経済学者の中には「人口が減ると、労働力が減るから、経済規模が縮小する」という意見が多いのですが、それは極めて短期的な視野で世の中をみているからです。

もっと長期的な視野に立てば、決してそんなことはありません。工場設備から製造ノウハウまで生産資源は残っていますから、残った労働者が少し努力すれば、生産は容易に維持できます。まして現代社会はロボットからパソコンまで、生産性を上げていく要素に溢れていますから、生産力の維持はいっそう可能でしょう。

それだけではありません。二つの先例が示唆しているのは、すでに到達した人口容量を減っていく人口で適切に活用すれば、人口増加時代よりもっと豊かな暮らしが可能になるという事実です。二つの社会は、こうしたゆとりを徹底的に活用するという選択によって、より濃密な社会を作りあげ、後述するように、日本は豊穣な化政文化を、イギリスは華麗なルネサンスを開花させていったのです。

コンデンシング社会へ向かって

とすれば、今後の日本社会に求められるのは、アップライイジングでもサステナブルでも、ましてダウンサイジングでもありません。一億二八〇〇万人にまで広げた人口容量の余力を、減っていく人口でもっと活用する「コンデンシング（濃縮）」です。

経済面でいえば、GDPをなんとか現在の水準で維持して、一人当たりの所得を上げていく。社会面でいえば、人口減少で生まれる、さまざまな余裕、たとえば公共資本や民間資本のゆとり、過密化や環境悪化の緩和などを可能な限り活用して、国民一人ひとりの生息水準を濃密にしていく、という方向です。

GDPを無理に伸ばす必要はありません。ゼロ成長を続けていけばいいのです。確かにこれまでの常識で考えると、人口が伸びる分だけ、GDPを増やす必要がありました。人口が増える以上、それだけ多く稼がなければ、国民は豊かになれなかったからです。逆にいえば、GDPが伸びれば、その分だけ個人の所得も伸びるという相関がありました。

ところが、これからはそうではありません。人口が減っていく以上、国民の所得を維持するだけなら、GDPを減らしてもかまわないのです。分母が減っていくのですから、分子も減るのは当然のことです。しかし、なんとかゼロ成長が維持できれば、国民一人当たりの所得は順調に伸びていきます。

実際、二〇〇五年から人口が減りはじめると、一三人で分け合っていたパイは、一〇年単位で一二人、一一人と頭数が減るにつれて、分け前が増えていきます。もし現在のGDP約五〇〇兆円を今後も維持できるとすれば、ざっと計算して、一人当たりのGDPは現在の三九一万円から、二〇二五年には実質四一九万円（一・〇七倍）、二〇五〇年には同五二五万円（一・三四倍）に増えていくはずです。

これなら、ゼロ成長であっても〝御の字〟です。会社でいえば、売り上げや収益が一定であっても、従業員の給与は伸び続けるということです。「GDPが伸びないから、国民の所得は上げられない」という政治家の弁解や、「売り上げが伸びないから、社員のサラリーは上げられない」という経営者の泣き言はもはや通用しなくなるでしょう。

要するに、「ゼロ成長では困る」といった発想自体が時代遅れになる。むしろゼロ成長を大前提にして、経済や社会を考える時代に変わっていきます。これまでに拡大した経済規模を落とさないようにして、減少していく人口にうまく分配するという発想が、これからは求められるのです。

以上のように、二一世紀の日本が向かうべき方向は「拡大」でも「持続」でも、まして「縮小」でもありません。人口減少で生まれた余裕を少なくなった人間に集中する「濃縮」、つまり「コンデンシング」社会です。こうした社会がもたらす、経済と社会資本のゆとりがやがて社会を成熟させ、新たな文化と技術を生みだします。

以下では、コンデンシング社会の先例として、先にあげた江戸中期の日本と中世末期のヨーロッパを振り返ってみましょう。

ゆとりが文化を生む

江戸中期とは一八世紀中葉から一九世紀初頭です。八代将軍吉宗の「享保《きょうほう》の改革」からはじまり、田沼意次《おきつぐ》の重商政策や松平定信の「寛政の改革」を経て、十一代将軍家斉《いえなり》による「化政文化」の誕生までのほぼ一世紀です。この一〇〇年間は、人口減少によるゆとりを活用して、学問や文芸が栄える一方、歌舞伎、浮世絵、戯作《げさく》などの、新しい町民文化が勃興した時代でした。

とりわけ、田沼意次が政権を握った明和・天明期（一七六四〜八九）には、それまでの上方文化に代わる、新しい江戸文化が興隆しました。倉米を担保にして金融業を営む「札差《ふださし》」を中心に一八人の大通人、つまり「十八大通《だいつう》」が出現して、遊里や芝居小屋のパトロンになるとともに、髪形、言葉遣い、動作などでも「蔵前風」とよばれる、独自の様式を創り上げ、「江戸っ子」の流行の先端に立ちました。

その筆頭、大口屋治兵衛暁雨《ぎょうう》は、江戸っ子の象徴「花川戸助六」に自らを擬して、吉原で豪放な大尽ぶりをみせつけ、二代目市川団十郎の支援者となって、舞台上の助六には自らの衣装や所作をまねさせました。その時のいでたちは、黒羽二重の無地の小袖に紅絹裏《もみうら》、浅葱《あさぎ》の襦袢《じゆばん》、綾織《あやおり》の帯、鮫鞘《さめさや》の刀に桐の下駄という〝いき〟なものでしたが、これはそのまま現在の歌舞伎に引き継がれています。

当時、江戸の遊里や芝居小屋は、新たな流行の発信地でした。遊里からは刺繡入りの着物、曙染めの友禅模様などが、また芝居小屋からは名優の衣装をまねて、水木辰之助の「水木帽子」、上村吉弥《きちや》の「吉弥結び」、初世沢村宗十郎の「宗十郎頭巾《ずきん》」をはじめ、小太夫鹿子《かのこ》、市松染、亀屋小紋、仲蔵染などの染め模様のデザインが「はりやもの」となりました。流行色の世界でも、二世瀬川菊之丞《きくのじよう》の「路考茶《ろこうちや》」、初世尾上菊五郎の「梅幸茶《ばいこうちや》」、五世岩井半四郎の「岩井茶」など、渋茶、鶯茶、利休鼠《りきゆうねずみ》、萌葱《もえぎ》といった〝渋い〟色が広がっています。

つまり、当時の町人文化は、表面的な華麗さを「野暮」とみなし、裏側の抑えられた趣向を「粋《すい》」「通」「いき」として尊ぶ、成熟した美意識に裏付けられたものでした。この美意識がさらに型染技術にも及んで、小紋、中形《ちゆうがた》の意匠を発達させ、型紙を何十枚も使った高度な文様を生みだしました。また工芸分野でも、印籠《いんろう》や根付《ねつけ》といった精緻な小物が尊ばれるようになり、名高い意匠師が工夫した精密なデザインを、金工、木竹牙角工、漆工、陶磁工などが卓抜した技巧で彫りだしています。

教育と情報の大衆化

文学の分野では、江戸を中心にした戯作が発展しました。戯作とは、享保期にはじまる談義《だんぎ》本《ぼん》、洒落本《しゃれぼん》、読本《よみほん》、黄表紙《きびょうし》、寛政期以降の滑稽本《こっけいぼん》、人情本《にんじょうぼん》、合巻《ごうかん》など、大衆向けの出版物のことです。この分野では、安永・天明期（一七二二〜八九）の洒落本や黄表紙で、朋誠堂喜三二《ほうせいどうきさんじ》、恋川春町、大田南畝《なんぽ》などが活躍しています。また大田南畝は御家人グループの中核となって、「目出度《めでた》尽し」の天明狂歌を流行させました。俳諧《はいかい》の分野でも大名や富豪たちが後ろ楯となって、江戸風に洗練された「江戸座」が広がっています。

絵画の分野では、明和年間（一七六四〜七二）に鈴木春信が「錦絵」を考案し、墨一色の版画を多色刷りの浮世絵に変えました。この浮世絵は、天明から寛政期（一七八一〜一八〇一）に、鳥居清長、喜多川歌麿、東洲斎《とうしゅうさい》写楽、歌川豊国らの優れた絵師によって、黄金時代を迎えています。また寛政〜文化・文政期（一八世紀末〜一九世紀初頭）には、文人画が各地に広がり、上方では浦上玉堂や田能村竹田《たのむらちくでん》、江戸では谷文晁《ぶんちょう》や渡辺崋山《かざん》らが活躍しました。さらにこの時期には、酒井抱一《ほういつ》によって江戸琳派が作られています。

寛政期以降になると、出版分野でも見立番付《みたてばんづけ》や瓦版《かわらばん》など簡易な刷物が拡大し、江戸市中に数百軒を数えたという貸本屋が書物の大衆化を促しました。藩校や郷学《ごうがく》を設ける大名が増加するとともに、町人や百姓の子弟を対象とした寺子屋も増加したため、全国的に教育が普及し、識字率も急速に上昇しています。

その結果、教育や情報の人衆化が進展し、蓄積された知的集積がやがて西欧からの科学技術や新たな社会・経済体制の導入を促すようになります。産業技術の面では、享保以降、医療や生産に役立つ実用の学問を求めて、いわゆる蘭学が興隆し、医学、物理学、化学から天文学や地理学、あるいは和算学や物産学などにまで広く普及していきます。これらの西欧的知識を積極的に導入した、幾つかの雄藩では、手工業の生産技術を急速に発達させ、藩財政の基盤回復に努めた結果、明治維新への足がかりをつかんでいきます。

以上のように、一八世紀中葉から一九世紀初頭にかけての一世紀は、物質的な成長や経済的な拡大が滞り人口が減少したが故に、かえって芸術、文化、知識が深まった時代でした。こうした知的な成熟が新たな技術の導入と蓄積を実現させたのです。とすれば、江戸中期の日本はコンデンシング社会の典型であった、といえるでしょう。

ヨーロッパの文化復興

世界的にみれば、中世末期のヨーロッパもまた典型的なコンデンシング社会でした。当時の人口は、Vでみたように、農業生産の限界化やペストの蔓延で、一三四〇年ころの約七四〇〇万人から一〇年間で約五一〇〇万人にまで急減した後、一五世紀末に六七〇〇万人に回復するまで約一五〇年間低迷しています。

このうち、ペストへの恐怖と混乱が進んだ一四世紀後半には、「鞭打ち行者《むち》」や「死の舞踏（ダンス・マカブル）」などの「死」の文化や、世の無常を嘆く終末思想が急速に広がっています。それに伴って、経済的には封建領主による荘園経営が次第に解体され、また社会的にはカトリックやスコラ哲学など、従来の宗教や学問の権威が失墜して、中世的な世界観や社会秩序が大きく揺らぎました。それまで世の中をリードしてきた王侯貴族や僧侶の力が急速に失われたのです。

だが、そうした世相も百年戦争が終わる一五世紀半ばには落ちつきを取り戻し、政治的にも経済的にも新たな動きがはじまります。農村では戦乱や疫病で衰退していた農業生産が回復しはじめ、大都市では人口過剰が解消して生息水準が上昇してくると、享楽的な生活風潮が広がって消費需要が拡大しました。これに対応して商業活動が拡大し、その担い手として大商人が台頭してきます。彼らは経済力を武器に発言力を強め、中世以来の王侯貴族の権力を凌駕して、強力な君主による国家と経済の組織化をめざすようになります。

この動きが最も進んだのはイタリアでした。当時のイタリアではコムーネ（自治共同体）といわれる都市が生まれ、早くからレバント貿易（地中海東方との通商）に従事して、巨万の富を蓄えた有力商人たちが金融業を開業したり、織物やガラスなどの手工業にも進出していました。フィレンツェのメディチ家、ミラノのヴィスコンティ家やスノォルツァ家、フェラーラのエステ家、マントヴァのゴンザーガ家などがその代表ですが、彼らは単にビジネスを拡大しただけでなく、学者や芸術家のパトロンとなって、新たな文化活動を支援しました。

とりわけ、メディチ家のコジモ・デ・メディチは、一四三四年、フィレンツェの権力を掌握した後、積極的な外交手腕を発揮して平和の維持に貢献するとともに、芸術や文化のパトロンとなって、一五世紀中葉にいわゆるルネサンスを開花させました。ルネサンスは、ギリシア文化やローマ文化の再生・復興によって、現世の肯定、個性の尊重、感性の解放などをめざす、思想的、芸術的な革新運動であり、瞬く間にイタリアからヨーロッパ各地へ伝播して、哲学、文学、美術、建築、音楽、科学・技術などの諸分野に幅広く影響を与えました。

文化が新技術を育む

美術でいえば、一四世紀前半のジョットに続いて、一五世紀のマサッチョ、ピエロ・デラ・フランチェスカらが、コムーネの市民的世界観を反映して、幾何学的遠近法、解剖学、人体比例法などの科学的手法で、現実の再現をめざす絵画を創造しました。また中世のゴシック様式を受け継いだフラ・アンジェリコやボッティチェリらは、国際ゴシック様式の優美な作品を描きました。さらに建築家ではブルネレスキ、ギベルティ、アルベルティ、彫刻ではドナテロ、ヴェロッキオなども活躍しています。ヴェロッキオの弟子、レオナルド・ダ・ヴィンチは、形式と精神の一致をめざして、絵画、建築、科学技術など超域的な活躍をし、ついに名画『最後の晩餐』によって両者の統一に成功しました。

文学の分野でも、ダンテの衣鉢を継いだF・ペトラルカとG・ボッカッチョが、イタリア文学を大きく革新しました。ペトラルカは『カンツォニエーレ』で完璧な抒情詩の世界を作りあげ、またボッカッチョはその著『デカメロン』で、ペストを避けて森の中で語りあう男女一〇人の「小話」により、生命感に溢れた性と愛を表現しました。さらにこの二人は古典文献の発掘や再評価によって、文芸思想の上でも一五世紀イタリア・ルネサンスの基盤をなす「人文主義」の基盤を作りあげています。

こうした文化の成熟によって、ルネサンスは、技術的にも次の時代を作りだす三大発明、つまり活版印刷術、火薬、羅針盤《らしんばん》を生みだしていきます。いずれも東洋に起源を持つものですが、この時代にヨーロッパに流入して、新たな技術として再生しています。さらにルネサンスの生みだした、新しい精神や技術はその後、ヨーロッパ中に広がって、政治的には一七世紀のイギリス革命、一八世紀末のフランス革命を引き起こし、経済的には一八世紀中葉からはじまる産業革命によって、農業後波の物量的制約を大きく突破し、次の工業現波を急上昇させていく原動力となりました。

以上のように、中世末期のヨーロッパとは、人口減少で生まれた余裕を最大限に活用して、新たな精神運動とさまざまな新技術を育み、その結果として次の波動を担う、最も基礎的な条件を蓄積させた時代でした。

コンデンシングで消費も伸びる

二つの先例が示すように、コンデンシング社会の到来は、経済・社会構造に対して、消費社会化、情報化、リゾーム化といった傾向を促します。

第一は消費社会化。人口減少時代の経済というと、労働力の減少による生産縮小に加え、個客の減少による内需縮小が懸念されています。だが、先に述べたように、ITやロボットの活用で労働生産性が急上昇しますから、生産規模は容易に維持できます。そのうえ、急速に工業化しているアジアや南米などの発展途上国から、工業製品が大量かつ廉価に輸入されますから、供給量はなおも拡大します。これに対し、人口減少はそのまま顧客減少につながりますから、衣食住など生活必需品の需要は減っていきます。

こうして人口減少社会は、供給力が需要力を凌駕する供給過剰社会になっていきます。供給過剰が進めば、売り手よりも買い手の立場が有利になります。生産者の力より消費者の力が当然強くなるのです。そうなると、従来の生産者が主導した「産業社会」に代わって、消費者が主導する、本格的な「消費社会」が登場してきます。

本格的な消費社会では、必需品よりも選択品の需要が伸びてきます。人口減少に比例して生活必需品の需要は減りますから、価格も低下します。食糧や資源の逼迫で一時的に物価が上がることはあっても、それ以上に需要減少の圧力が強く、生活必需品の価格を押し下げていきます。価格が安くなれば当然、家計には余裕が生まれてきます。さらに一人当たりの所得は増えているのですから、ますますゆとりが出てくるでしょう。

このゆとりを多くの消費者は新たな消費へ向けるようなります。つまり必需品から選択品へと広げていきます。選択品とは、人間が生物として生きていくために不可欠なモノを超えて、人間独自の生き方やそのセンスが求める、いわば余剰としてのモノのことです。余剰と書くと〝不要〟と誤解されそうですが、そうではありません。理知的あるいは情緒的に、より人間らしい暮らしを実現していくために、ぜひとも必要なモノのことです。そうした意味では、前章で述べたように「必需心」といってもいいでしょう。

人口減少が進むにつれて、こうした選択品はますます求められるようになります。江戸中期の日本でも、需要の低下で米価が安定した結果、町民の家計にはゆとりが生まれ、農民の多くは換金作物に転じました。可処分所得を上げた人びとは、綿布、絹織物、櫛《くし》、簪《かんざし》、印籠、根付など新たな選択財を求めましたから、消費市場では「米価安の諸色（生活雑貨）高」が進みました。中世末期のヨーロッパでも、大麦・小麦の価格が下がる一方、衣料品や手工業製品などの価格が上昇する「穀物安の羊毛高」という現象が起こっています。

とすれば、今後の日本でも消費と文化の成熟化に刺激されて、「必需品安の選択品高」という傾向が強まってくるでしょう。要するに消費行動もまた「拡散」から「濃密」へ移行していくのです。

それゆえ、この種の需要に応えて、新しい選択財を次々に提供できれば、内需は確実に伸びていきます。たとえばファッション、インテリア、生活雑貨からレッスン、トレーニング、エンターテインメント、ヒーリング（治癒）まで、ココロの枯渇を満たすような商品やサービスは大きく伸びるはずです。コミック、アニメ、ゲーム、フィギュアなど、いわゆる〝オタク〟商品も、江戸時代の浮世絵や印籠・根付のように、成熟した消費社会では必然的に拡大していく分野といえるでしょう。

このような選択品を創りだすには、先にあげたように、新しい効用を次々に生み出せる「創造生産性」の強化が急務です。それさえできれば、消費市場の維持も決して不可能ではありません。

第五次情報化

第二は情報化。情報化というと、パソコン化やインターネット化、つまりIT化と思われるかもしれませんが、それだけではありません。ここでいう情報化とはもっと広く、社会全体がモノよりもコトを、ハードよりもソフトを重視する方向へ移行することを意味しています。先の二つの先例をみると、装飾化、文芸化、芸術化といった傾向が著しく強まっていますが、これらはいずれも広義の情報化といえるものです。

これまで「情報化」という言葉は、アメリカの未来学者A・トフラーが、農業革命による第一波、産業革命による第二波、情報化による第三波と位置づけているように、人類史の最前線を意味していました（『第三の波』）。つまり、情報とは石器、農業、工業の次のステージとして現れる、画期的な文明革新と思われてきたようです。

だが、そうではありません。人口波動という視点からみると、情報化という社会現象は、石器波動、農業波動、工業波動といった波動の下降局面でしばしば出現するものです。日本の歴史を振り返ってみれば、さまざまな文明の興隆に連動して、こうした意味での情報化が五回ほど起こっていることがわかります。

まず一回めの情報化は旧石器後期の細石刃文化で、複数の小さなモノに基礎的な機能を細かく分散し、それらを組み合わせて、さまざまなモノを作りだすという、まことにシステマティックな情報処理技術をめざしていました。

続く二回めは縄文後期の火炎型土器です。それまでの人口増加期には、軽くて機能的な容器をめざしていた縄文土器は、この時期になると一転して、異様な形をした、重くて扱いにくい容器に変貌します。一見、炎にみえることから、この名称を与えられた土器類には、もはや煮炊き用のモノとしての機能性はなく、祭祀や権威を象徴する情報性のみが誇示されています。石器後波を作りだした縄文土器そのものの変質には、当時の社会の情報化が如実に示されています。

三回めは平安末期から鎌倉初期の絵巻物に象徴されています。水稲技術を中核に灌漑《かんがい》、開墾、土木、建築などの諸技術の進展が一段落するとともに、社会的な関心は絵と詞《ことば》で巧みに表現される情報に傾いています。それゆえ、この時期には『源氏物語絵巻』『伴大納言絵巻《ばんだいなごんえまき》』『信貴山《しぎさん》縁起絵巻《えんぎ》』『鳥獣戯画』という四大絵巻が作られていますが、それは同時代の人々にとってテレビの出現に匹敵する大事件でした。

四回めは江戸中期の木版や瓦版などが相当します。人口増加期にはもっぱら巨大な城郭や寺院の建造に注がれていた木材技術が、人口減少期になると一転して木版に転換されています。その結果、生み出された浮世絵はもとより、読本・黄表紙・洒落本・滑稽本などの出版物は、いうまでもなく情報そのものでした。木版という情報技術の発展で、江戸中期の日本は、当時の世界で最先端の情報化社会を実現させたのです。

以上のように、細石刃、火炎型土器、絵巻物、木版などは、いずれもさまざまな文明が生みだした物質的ツールを巧みに情報的メディアへ置き換えたものでした。とすれば、情報化とは一つの物質文明の成熟段階をさしている、といってもいいでしょう。

このように考えると、現在の日本で進みつつあるＩＴ化も、決して初めての情報化ではなく、五回めの情報化といわなければなりません。パソコンもインターネットも、新たな文明のはじまりなどではなく、工業文明が成熟段階に入ったことを意味しているのです。

情報化が次の文明を促す

とすれば、今後の日本でも、高度な工業文明がソフト化、情報化していきます。ＩＴ分野の拡大はもとより、アートとしての自動車、カルチャーとしての炊飯器、レジャーとしての掃除機など、暮らしや社会のあらゆる分野で芸術化、学習化、遊戯化、精神化、無意識化といった文化の多層化、濃縮化が進んでいきます。

これに伴って、テクノロジーの分野でも、エレクトロニクスでは電子が、バイオテクノロジーでは遺伝子が、ナノテクノロジーでは量子が、それぞれモノの物質的機能を超えて、〝情報搬送装置〟へ変わっていきます。いずれの先端分野でも、まさに濃縮化が進んでいくのです。

こうした情報化の彼方に、かすかに浮かび上がるのが次の文明です。過去の歴史を振り返ってみると、「細石刃」の細部で全体を作りあげるという観念の発達が、次の「土器」文明を生みだしました。また火炎型土器に象徴される自然環境観の変化が、次の「稲作」文明を受容させています。自然そのものが、一方的に生活資源を与えてくれる母体から、ともに働きかけて生活資料を生みだす基盤へと移行したからです

あるいは、絵巻物に代表される国風文化の浸透が、大陸直輸入の「公地公民」制を衰退させて、大名による「領地領民」制への移行を促し、それが次の「集約農業」文明を創りだしています。また「木版」の普及が生みだした識字率の高さが、次の「科学技術」文明の受容を早めています。

つまり、一つの物質文明の成熟が生みだした情報化は、いずれも次の文明への橋渡しを担っています。とすれば、現在進みつつある情報化の延長線上で、なんらかの形で世界観の変革が起こるとともに、それを基盤にして、Xで述べるような次期文明への足がかりがつかめることになるでしょう。

リゾーム化する社会構造

第三はリゾーム化。リゾームとはフランス語で「根茎」を意味する言葉ですが、人口減少社

図表9－2　社会的組織の3つの型

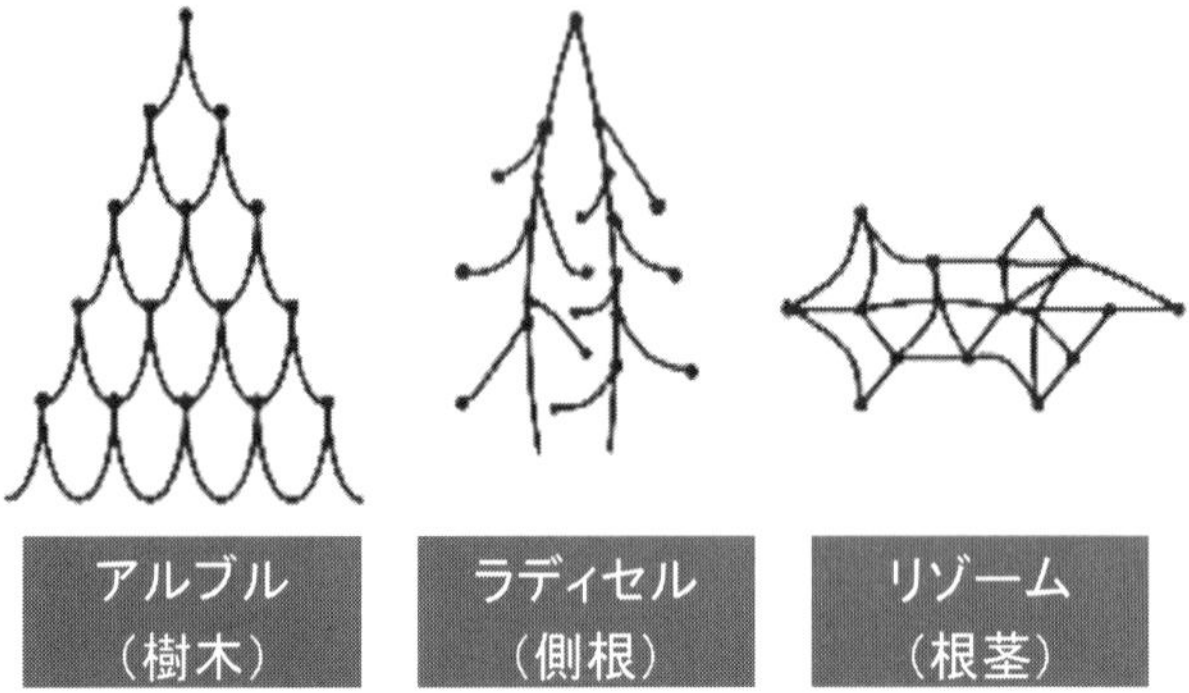

会になると、社会全体のしくみもまた、従来のアルブル型、つまり上に向かって伸びる樹木型から、横に這うような根茎型へ移行していきます。いいかえれば、「上方拡大」型から「下方濃縮」型へ変わるということですが、これに伴ってさまざまな組織や集団の形、さらにはリーダーシップのあり方までが大きく変わっていきます。

　こうした変化を一九七〇年代に初めて指摘したのは、ポストモダニズムの旗手、G・ドゥルーズとF・ガタリでした。世の中の組織や集団には、図表9―2に示したような、三つのタイプがある、というのです（『千のプラトー』）。

　一つはアルブル（樹木）型。何の制約もなく大空に枝を広げ、どこまでも線型に伸びる樹木状のしくみであり、それを構成する部分が土台や中心からの距離で秩序づけられ、また中心から規則的に模写される同形の増殖によって成り立っています。具体例としては、お役所や大企業の組織があげられます。

二つめはラディセル(側根、またはひげ根)型。太い根に寄生するように生えた細かい根に象徴されるしくみであり、形は密やかにみえるが、樹木よりもさらに包括的な統一をめざしています。一見古めかしい秩序を脱しているようにみえますが、実際にはその軽やかで機動的な身振りが、やはり統合的機能を復活してしまうという性格を持っています。ベンチャー企業やワンマン企業の組織がこれに該当します。

三つめはリゾーム(根茎)型。地下を無方向・多方向・重層的に横断するしくみであり、従来の意味での秩序は持ちませんが、単なる混沌や混乱ではなく、異質の規則や配列が連結した、別種の秩序を持っています。別種の秩序とは、任意の一点が他の一点に連結し、かつ各部分が中心部の外的再生でも構造的な内的再生でもないということです。たとえば、同好会の組織やインターネット上のフォーラムなどがこれにあたります。

以上の三タイプを指摘したうえで、ドゥルーズとガタリは、これからの思想や哲学はもとより、文化や社会もまた、アルブルやその亜流のラディセルではなく、リゾームをめざすべきだ、と主張しました。このため、この言葉はポストモダニズムのキーワードの一つとして、七〇年代以降の世界思潮に大きな影響を与えました。

彼らの思想が生まれてきた背景には、いうまでもなくモダンを問い直そうとするポストモダニズムの思潮がありましたから、西欧哲学の主導国フランスで起こったのも当然でした。だが、それだけではありません。社会・経済的にみても、一九六〇〜七〇年代のフランスは大きな曲がり角にありました。近代文明を真先に享受してきたものの、すでにその限界が現れはじめ、経済的・物質的な豊かさが伸び悩んでいたからです。

それを如実に示すのは人口の動きです。フランスの合計特殊出生率は、一九六〇年前後の二・八四をピークに急減しはじめ、七五年には一・九三まで落ちています。これに伴って、普通出生率も二％台から一・五％台に落ち、総人口も停滞しました。経済成長も停滞しましたから、生活水準が伸び悩んだ国民の多くは、子どもを増やすよりも自分の生活を守る方が大切になって、出生率はますます下降していきました。

アルブルからリゾームへの移行は、こうした人口の動きと密接に関わっています。図表9―3に示したように、人口の増加期には、社会構造もまた青天井の下をどこまでも伸び続ける樹木のように広がりますから、政治や経済から文化や流行までが、トップが全体を引っ張る中央集権や一極牽引のピラミッド構造になります。

だが、減少期になると、さまざまな制約で厚い天井がのしかかってきますから、頭打ちになった樹木は、横に伸びる地下茎型にならざるをえません。つまり、アルブル状に伸びていた社

図表９－３　アルブルからリゾームへ

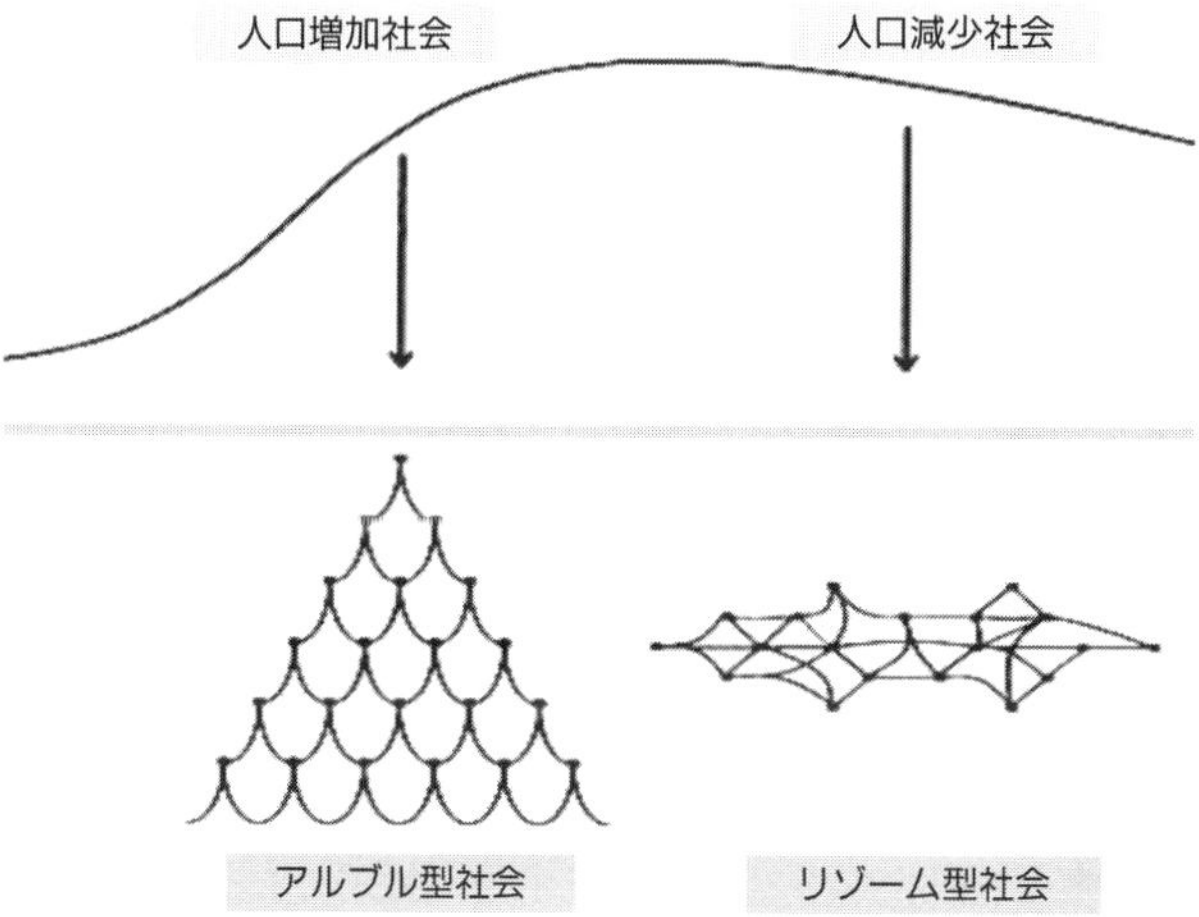

会構造は、一転して地下を這うリゾーム状に変わっていきます。リゾーム状というと、「多極分散」と思われがちですが、そうではありません。トップへの「一極集中」が崩れて、ボトムへの「多極沈澱」が進むということです。

　とすれば、「アルブルからリゾームへ」の移行も、人口減少社会に特有の現象といえるでしょう。二一世紀の先進国では、さまざまな制約によって天井が厚くなるとともに、世の中のしくみもまた、従来のアルブル型からリゾーム型へ変わりつつあります。五番めの壁に突きあたった日本社会もまた、リゾーム型へ移行しはじめているのです。

コアからリーダーが生まれる

リゾーム型社会になると、竹やたんぽぽのように地下茎があちこちで絡み合ってコア（結接点）ができます。このコアの一つ一つから次々に芽が伸びだし、さまざまなリーダーに成長していきます。

その典型がインターネットです。インターネットは、従来のマスメディアによる一方的な情報提供を切り崩し、eメールや掲示板などによるインタラクティブ（相互作用的）な情報交換を生みだしました。そのうえ、インターネットの中では、誰かが「この指とまれ」とはじめたフォーラムやブログというコアがあちこちに無数に生まれ、地球上に張りめぐらされた、目にみえないウェブの中を自由に飛び交って、その一つひとつから新情報や新しいリーダーが生みだされています。

過去の人口減少社会にもリゾーム化が進んでいます。鎌倉末期以降、中央政権が空洞化するにつれて、全国各地で勢力を強めた守護や地頭は、やがて守護大名から戦国大名へ成長し、次の波動を生みだす原動力となっています。江戸中期にも、幕府権力の脆弱《ぜいじゃく》化に伴って、各地の諸藩ではいち早く大胆な藩政改革が進められ、明治維新を引き起こす基盤を整えていきました。上杉鷹山《ようざん》の米沢藩、真田《さなだ》幸弘の松代藩、細川重賢《しげかた》の熊本藩をはじめ、水戸藩、長州藩、薩摩藩、肥前《ひぜん》藩などがその例です。

とすれば、今後の日本でもリゾーム化が進むでしょう。政治でいえば、巨大政党の一党支配が終わり、さまざまな政党の連立が常態となります。いつまでも二大政党制が理想、というのは、アルブル型社会の制度にとらわれた時代錯誤にすぎません。経済でも、巨大企業の市場支配が崩れ、ベンチャーや中堅企業の巧みな連携が勢力を伸ばします。音楽や芸能分野でも、大手プロダクションやレコード会社のしかけるヒット曲やタレントが減って、有線放送やインディーズなどへ新曲や新人の発生源が分散します。

とりわけ重要なことは、地方の復権とエネルギー源の多角化です。今のところ大都市への人口集中が続いていますが、やがて電力や水資源などの壁に突きあたって、この流れは停止し、相対的に地方の比重が上がってきます。そうした地域の中から、いち早く人口減少に対応する社会・経済構造を構築する知恵や政策が生み出され、次の時代を担う人材が育成されることになるでしょう。

エネルギー源も多角化していきます。加工貿易文明を支えるエネルギー源は石油と原子力ですが、これが限界に達している以上、次のエネルギー源を生みだすには、まずは二極集中を修正していかなくてはなりません。そこで、すでにはじまっている太陽光発電、風力発電、波力発電、地熱発電、バイオマス発電などに多角化したうえ、それらの組み合わせや改良の中から、次のエネルギー源の可能性を探ることが必要になるでしょう。

以上の諸事例が示しているのは、上からの牽引が終わり、下からの誘導が強まるという傾向です。つまり、リゾーム型社会では、マスメディア、有名プロダクション、巨大企業、巨大政党、大都市、巨大発電などツリーの〝頂点〟が全体を引っ張るという構造が次第に緩み、それに代わって、素人、クチコミ、ベンチャー企業連合、中小政党連立、地方都市、分散型発電など、いわば〝根っこ〟たちが社会を動かすようなるのです。

ラストモダンを実現する

かくして人口減少が進む、二一世紀前半の日本は、平安期や江戸中期に匹敵するような、コンデンシング社会になっていきます。それは近代工業文明のうえに、華麗な生活文化を重ねていくことを意味しています。つまり、消費社会化、情報化、リゾーム化という三つの傾向は、加工貿易国家を成熟させることによって、生産と消費、文明と文化、トップとボトムのバランスの取れた、工業現波の完成期へと向かおうとしているのです。

こうした社会を十数年前、私は新たに「ラストモダン」と名づけました（日本経済新聞・一九九〇年二月二六日夕刊）。近代の後にくる「ポストモダン」ではなく、近代を完成させる「ファイナルモダン」と考えたからです。

ラストモダンが進行するにつれて、文化が成熟し、情報化が深化していきます。そうなると、工業現波を支えてきた、従来の世界観が次第に革新され、やがて次の波動を生みだす、新たな世界観が生まれてきます。そして、その世界観がエネルギーの新しいつかみ方や使い方をみつけだした時、二二世紀の日本は、さらに世界は、新たな人口波動に向かって再び動きだすことになるでしょう。

その世界観はいかなるものなのか、その波動はいかなるものになるのか、次の章で詳しく展望してみましょう。

X 新たな波動に向かって

次期文明の方向

日本の人口は二一世紀後半から増加に転じるものの、その後は数十年間隔で小刻みに増減を繰り返す、とⅧで述べました。せっかく回復しはじめた人口をそのまま伸ばし続けることはできないでしょうか。

それには、二一世紀の中葉から後半にかけて、人口容量をさらに拡大するような画期的な文明転換を、日本列島の上で起こさなくてはなりません。人口容量とは〔自然容量×文明〕ですから、新たな容量を構築するには、新たな文明の創出が必要です。もしそれができれば、工業現波に代わる、新しい人口波動が開始され、その上限はおそらく現代の一億二八〇〇万人を超えて、二倍から数倍に達するでしょう。

では、新たな文明とはどのようなものになるのか。……と尋ねられても、現在の時点で明確に答えるのはまず無理でしょう。なぜなら、縄文時代に生きた人々が弥生時代の暮らしを予測したり、平安時代の人間が江戸の社会を展望するのに等しいからです。一つ先の文明の中身やそれが作りだす社会を事前に語るのは、まさに雲をつかむような話です。

とはいえ、人口波動説に立てば、おおまかな展望は可能です。これまで人類がたどってきた五つの波動を振り返ってみると、文明の進展には一定の法則がある、という推測が成り立つからです。それは次の三つです。

① 世界波動においても日本波動においても、石器前波と石器後波、農業前波と農業後波というように、二つの波動がペアになっている。

② 波動を支える文明も「旧石器文明から新石器文明へ」、「粗放農業文明から集約農業文明へ」と、継承・発展の関係を持っている。

③ 日本列島では、旧石器文明や粗放農業文明を大陸から受け入れ、次にくる新石器文明や集約農業文明を内発的に創造している。このことは、基盤となる石器文明や農業文明が、海外から渡来したものであることを示している。

こうした傾向が今後も続くと仮定すれば、次の文明の方向をある程度予想することができます。一つの可能性は、現在の工業文明そのものを大きく超えた、画期的な新文明を受容、あるいは創造することです。それは石器、農業、工業と発展してきた文明の歴史の延長線上で、人類が生みだす、まったく未知の新文明といってもいいでしょう。

もう一つは、現在の工業文明の延長線上に現れる、より高度な工業文明、いわば後期工業文明とでも名づけられる文明の創造です。江戸後期に西欧から導入した前期工業文明を、国内でさらに継承・発展させて、もう一段階上の工業文明を創りだすということです。

どちらの可能性が高いかといえば、圧倒的に後者だと思いますが、前者の可能性がないわけではありません。そこで、両方の可能性についてひとまず考えてみましょう。

基盤文明を変えられるか？

この本で述べてきた「文明」という言葉には、二つの次元があります。石器文明、農業文明といった次元と、旧石器文明、新石器文明、粗放農業文明、集約農業文明といった次元です。これでは混乱しますから、前者を「基盤文明」、後者を「資源文明」と名づけますと、図表10―1のように整理できます。

基盤文明とは、二つずつペアになっている人口波動が共に基盤にしている、もっとも基礎的な文明のことです。Ⅳで述べたように、この本では文明という言葉を「言語能力を発展させた抽象化能力を持つ人類が、周囲の自然環境に新たに働きかけて、人口容量を拡大したり、より

図表10−1　文明の本質と工業後波の位置

基盤文明	基盤文明の本質	資源文明	人口波動	文明・波動の特徴
石器文明	短期蓄積エネルギーの採集・消費	旧石器文明	石器前波	旧石器による動植物採集法の確立
		新石器文明	石器後波	新石器＋土器による採集圏の深化・拡大
農業文明	短期蓄積エネルギーの育成・消費	粗放農業文明	農業前波	粗放農業による動植物育成法の確立
		集約農業文明	農業後波	集約農業による育成圏・育成法の深化・拡大
工業文明	長期蓄積エネルギーの採集・消費	粗放工業文明	工業前波	粗放工業による化石燃料採集・利用法の確立
		集約工業文明	工業後波	集約工業による採集圏・集約・育成法の拡大
未来文明	長期蓄積エネルギーの育成・消費	未来文明	未来波動	未来文明による新エネルギーの育成・創造法の確立・拡大

大きな人口容量を作りだす働きかけ」という意味で使ってきました。

この定義を最大限に拡大して、人間の生息環境全体に適用しますと、文明とは「人類が生きていくためのエネルギー獲得法」ということになります。つまり、地球上に降り注ぐ、膨大な太陽エネルギーをいかにして獲得し、人類が生きていくための生命エネルギーにどのような形で変換しているか、ということです。アメリカの著作家J・ギーバーたちが、人口容量とは「人間が利用可能なエネルギー量およびそのエネルギーがどのように用いられているかを調査すること」に尽きる、といっているとおりです（*Beyond Oil*）。

これこそ「基盤文明」とよべる次元です。人類の文明史の最も基盤にある石器文明、農業文明、工業文明をさしていますが、それぞれの特性は次のように整理できます。

① 石器文明とは「太陽エネルギーが短期的に蓄積された動植物を石器によって採集し消費する」もの。さまざまな動植物の体内に蓄積された太陽エネルギーを、石器を開発して利用することで、人間のエネルギーに変換する。

② 農業文明とは「太陽エネルギーが短期的に蓄積された動植物を育成して消費する」もの。地上に降り注ぐ太陽エネルギーを、農耕や牧畜によって意図的にさまざまな動植物の体内に蓄積させ、そのうえで人間のエネルギーに変換する。

③ 工業文明とは「太陽エネルギーなどが長期的に蓄積された化石燃料などを採集して消費する」もの。地球の内部に蓄積された太陽エネルギーや宇宙エネルギーを、科学技術によって発掘し高度に利用することで、人間向けのエネルギーに変換する。

これらの延長線上で大胆に考えれば、工業文明の次にくる未来文明はおそらく「太陽エネルギーや宇宙エネルギーを育成して消費する」ものになるでしょう。石器文明から農業文明への移行が、短期蓄積エネルギーの「採集・消費」から「育成・消費」への転換に裏付けられていたように、工業文明から未来文明への移行もまた、長期蓄積エネルギーの「採集・消費」から

「育成・消費」への転換によって、初めて開始される、と思うのです。それは多分、過去の蓄積を単に発掘して消費するだけでなく、人間の知恵や知識を応用して、太陽のエネルギーやその背後にある宇宙エネルギーまでも巧みに蓄積したり、効率的に増幅する文明になっていくでしょう。

こうした未来文明へ向かって、次の階段を一気に駆け上るという可能性もないわけではありません。だが、そうなるにはまだまだ課題が山積しています。第一に、現代の工業文明はなお未熟な段階にあり、さらに進展する余地があります。第二に、現在の工業文明に代わるような未来文明を創造するには、世界的な次元でかなりの時間が必要です。そして第三に、次の未来文明を生みだすには、現代の工業文明から〝橋渡し〟の役割をする、もう一段高い次元の工業文明が必要と思われるからです。

〝粗放〟工業から〝集約〟工業へ

となると、もう一つの可能性として「資源文明」の次元が有力になってきます。資源文明とは、個々の人口波動を生みだした「生活資源の獲得手段」を意味しています。

世界波動でも日本波動でも、五つの人口波動を生みだした旧石器、新石器、粗放農業、集約農業、工業などの諸文明は、基盤文明のエネルギー利用法がより細分化され、生産技術や経済システムなどで現実化されたものです。一言でいえば、人間が生きていくための生活資源の獲得手段を創りだしたものですから、「資源文明」と名づけたのです。

この資源文明を人口波動との関係で整理してみると、次のような推移をたどってきたことがわかります。

① 旧石器文明は、石器による動植物採集法を確立して、石器前波を生みだした。

② 新石器文明は、石器と土器による動植物採集圏を拡大して、石器後波を生みだした。

③ 粗放農業文明は、農業による動植物育成法を確立して、農業前波を生みだした。

④ 集約農業文明は、農耕・牧畜による動植物の育成圏や育成法を拡大して、農業後波を生みだした。

⑤ 工業文明は、工業による化石燃料などの採集・利用法を確立して、工業現波を生みだした。

改めて整理してみると、①〜④の四文明は、旧石器と新石器、粗放農業と集約農業というように二つずつペアになっており、それぞれのペアは石器文明、農業文明という、同じ基盤文明の上に成り立っています。そして日本列島では、石器、農業といった基盤文明がいずれも海外から渡来しています。

つまり、大陸から受容した旧石器文明を、国内で継承・発展させたものが新石器文明であり、また大陸から導入した粗放農業文明を、内発的に継承・発展させたものが集約農業文明である、ということです。あるいは、一つの基盤文明に基礎を置く、二つの資源文明の、前の方は外部から受容したもの、後の方は国内で発展したもの、と言い換えてもいいでしょう。

以上のような関係を前提にすると、次にくる資源文明は、これまでの工業文明を国内で継承・発展させたものになりそうです。つまり、現在の工業文明が前期と後期に分かれ、前期工業文明を引き継いだ形で、後期工業文明が新たに登場してくるのです。農業文明の発展過程になぞらえると、前期の「粗放工業文明」から、後期はもう一段上の「集約工業文明」に移行していく。人口波動でいえば、工業現波が前波と後波に分かれ、現在の波は粗放工業文明による「工業前波」、次の波動は集約工業文明による「工業後波」になっていく、ということです。

考えてみると、これまでの工業文明は〝粗放〟ならぬ〝粗暴〟文明でした。自動車が衝突したり、飛行機が落下すれば、人間もまた死んでしまうという、まことに「粗暴な技術」で成り立っています。エネルギー利用もまた、石油やウラン燃料を〝爆発〟させて採取するという「粗暴さ」に基づいています。経済構造ですら、グローバル資本主義の乱暴な行動に引っかき回されるという「粗暴な経済」の次元でした。

とすれば、次の集約工業文明は、この粗暴な次元を乗り越えて、より優雅な技術や経済の段階へ進んでいかなくてはなりません。エネルギー次元でいえば、「太陽エネルギーが長期的に蓄積された化石燃料などを採集・消費する」文明をさらに進展させ、「採集圏域を増やして、化石燃料などをより効率よく採集するとともに、エネルギーの集約や育成を図る」文明へと転換していくのです。

このような文明こそ、次の人口波動を創りだす可能性が高いといえるでしょう。二一世紀という日本社会の現実を直視すると、まったく新たに創造されたり導入される基盤文明よりも、現在の工業文明の延長線上に現れる資源文明の方がより実現性が高い、と思われるからです。これまでにも独自の新石器文明や集約農業文明を生みだしてきた日本人の資質を考えれば、欧米型の粗放工業文明をさらに改良して、より高度な集約工業文明を創りだす可能性は限りなく高いはずです。それに比べて、新たな基盤文明の創造というような、根源的な文明革新については、日本という国家の枠組みを大きく超えて、世界単位での創造が求められるでしょう。

工業後波を展望する

こうした視点に立つと、集約工業文明とそれに基盤をおく工業後波のおおまかなイメージがみえてきます。おそらくそれは工業前波を支えていたハイテク化、日本型市場経済、グローバル化という三つの柱、より一般化すれば科学技術、市場主義経済、国際協調主義の三つを大ききく変えていくことになるでしょう。その方向を大胆に見通せば、「粗放科学技術から集約科学技術へ」、「粗放市場経済から集約市場経済へ」、「無制約国際化から選択的国際化へ」という変化に集約できます。

「粗放科学技術から集約科学技術へ」とは、科学技術の本質が変わっていくことを意味します。先に述べたように、現代の科学技術は、化石燃料を〝爆発〟させてエネルギーを獲得するという〝粗暴〟な基盤に基づいています。パソコンやインターネットなどのソフトな技術でさえ、爆発エネルギーが提供する電力が途絶えれば、直ちに停止してしまいます。それゆえ、次の文明を支える科学技術は、もっと緩やかに抽出できるエネルギー源に基礎を置かなければなりません。この方向を実現するにはさまざまな対応が考えられますが、太陽光、風力、水力、地熱などのエネルギーを直接採集して集約する、より「柔らかな」自然系エネルギーへの転換が一つの方向になるでしょう。

「粗放市場経済から集約市場経済へ」とは、経済構造がより進化していくことです。現在の市場主義は、グローバル市場主義の乱暴な介入に国内経済が引っかき回されたり、競争激化によって貧富の格差が拡大するなど、いわば「粗暴な市場経済」の次元に留まっています。おそらく工業後波を支える経済システムはこうした欠陥を是正して、国際性と国内性の調和、市場性と市民性の調和、そして価値と効能（私的有用性）のバランスなどに配慮した、より「柔らかな」体制をめざすことになるでしょう。
「無制約国際化から選択的国際化へ」とは、国際協調主義の方向が変わっていくことを意味しています。これまでの国際主義は、一国の国境を絶対視しつつ、そのうえでどの国とも平等につきあうという、いわば「粗っぽい国際主義」でした。しかし、今後はその方向が微妙に修正されていきます。先に述べたように、二一世紀の地球では人口が爆発的に増加して、二〇二〇〜三〇年ころには食糧・資源・エネルギーが不足し、環境汚染も深刻化します。このため、先進国、途上国を問わず、世界各地で物資の奪い合いや環境汚染のなすり合いなど、さまざまなパニックの発生するおそれが急速に高まります。

そこで、世界中のどの国も、国民の生活や自国の経済を守るため、それぞれの国境を強化して、食糧・資源・エネルギーの確保に向かいます。もっとも、これだけ人口の増えた時代には、いずれの国も一国だけの閉鎖体制では対応できませんから、農業国と工業国の連携や、資源保有国と製品生産国のタイアップなど、必然的にブロック化が進みはじめます。

日本もまた例外ではありえません。従来の野放図な全面的国際化を修正し、互いに援助しあえる国々との間で、新たな連携をめざす選択的国際化を進めることが必要になってきます。一例をあげれば、東アジアの近隣諸国から大洋州までを含む環太平洋経済ブロックの組織化です。あるいは食糧・資源と製造業の蓄積を補完しあえるオセアニアや南米と組んだ方が有利かもしれません。

いずれにしろ、日本の外交目標は、日本列島を国域とする従来のボーダーを超えて、より広く環太平洋の国々との強力な連合体をめざすパンパシフィック・ユニオン（汎太平洋連合）をめざすようになります。この意味で、二一世紀の日本は「無制約国際化から選択的国際化へ」と転換していくことになるでしょう。

人口は再び増加する

以上のように、工業後波を支える三つの要素は、これまでの粗放科学技術、粗放市場経済、無制約国際化から、集約科学技術、集約市場経済、選択的国際化へと転換していきます。こうした転換によって、おそらく次の工業文明は従来の粗暴な次元を乗り超え、より成熟し洗練された科学技術、経済システム、国際関係へ進んでいくものと思われます。

これこそ「粗放工業文明から集約工業文明へ」、あるいは「工業前波から工業後波へ」の移行を意味しています。これまでの工業前波は工業文明の前半にすぎず、工業後波の開始に伴って、より成熟し、より完成された段階に入っていくということです。

もしこうした集約工業文明を日本人の手で二一世紀の後半までに生みだすことができれば、二二世紀の人口容量は再び拡大できる可能性を高め、それによって日本の総人口も再び増加しはじめ、一億二八〇〇万人の壁をやすやすと乗り超えていくでしょう。

勿論、そのインパクトは日本に留まるものではありません。日本が新たな文明の可能性をみつけだすことができれば、それは同時に、世界の総人口が八〇億〜九〇億人の壁を突破し、再び上昇をはじめることを意味しているからです。こうした意味でも、工業前波の最先端を突っ走っている日本は、二一世紀の最先進国としても、まっさきに次の波動を作りだす役割を担っているのです。

あとがき パラダイムを転換する

補助線で視点を変える

補助線を一本入れると、それまで解けなかった幾何学の問題がアッという間に解けることがあります。これと同様に、昨今さまざまに議論されている人口減少についても、補助線を一本入れると、要因の解明や解決の方向が大きく変わってきます。

どんな補助線かといえば、「人口容量」という直線です。日本の人口がなぜ減っていくのか、その理由を人口動態や人口統計の中だけに追い込まないで、すっと目を上げて頭上に求めてみる。一億二八〇〇万人でピークとなった人口曲線の、すぐその上には人口容量の壁という補助線が一本、黒々と引かれている、と想定するのです。

そうすると、人間の人口も他の動物と同じように、キャパシティーに余裕のある間は増加し、余裕がなくなれば減少するという見方ができます。さらにこれを認めると、一方では人口を自動的に抑える「人口抑制装置」の存在が推定でき、他方では人口が波をうつという「人口波動」の推移がみえてきます。つまり人口減少の要因を「少子・高齢化」や「晩婚化・非婚化」だけに追い込まないで、一歩身を引いた地点から、もっと幅広く展望できるようになります。

こうした見方こそ、この本が繰り返し述べてきた論点です。人口容量、人口抑制装置、人口波動という三つの仮説を立てると、人口減少社会の実態がより鮮明にみえてくる、という提案です。それゆえ、最後にもう一度、三つの仮説の持つ意味と相互の関係を整理しておきましょう。

人口容量は実在する

第一の仮説「人口容量」は、生物学や生態学で使われている「キャリング・キャパシティー」を人間の社会に適用し、国家や地球が養える人間の規模を想定するものです。

キャパシティーを決定する要素は、動物の場合でも食糧、汚染状態、接触密度など、その時々の物質的条件で変わってきますが、人間の場合はさらに複雑で、食糧や居住環境を基礎としつつも、所得、時間、自由度といった社会的、文化的な条件が加わっています。それゆえ、中身は絶えず動いており、時間的にも変化しますから、事前に計測するのはかなり困難です。

このためか、「人口容量という概念は融通無碍《ゆうずうむげ》でありすぎる」とか「あまりにも曖昧な概念だ」という批判が、自然科学者はもとより社会科学者からも出されています。さらには「科学的な用語にはならない」という、厳しい評価も聞こえてきます。

なるほど、「科学的」という言葉が数量的、統計的に分析できる次元をさしているとすれば、限りなく不正確な言葉ということになるでしょう。だが、さまざまな動物の生息条件が多様な形態を持っているように、人間の生息条件もまた、時代や歴史とともに大きく変わってきます。それを一元的な視点から統一的に把握しようとすることなど、ますもって不可能な話です。多元的な視点から、柔軟にとらえていくしかありません。

そう考えれば、数量的な定義が無理だとしても、あるいは正確な計測ができないとしても、人口容量をつかむことは決して不可能ではありません。一定の地域や国家の長期的な動向を眺めてみれば、人口容量とみられる現象は容易にみつけることができます。現にⅤ、Ⅵで示したとおり、人間の人口は何度か壁に突きあたり、その都度停滞したり減少してきました。この壁こそ人口容量そのものです。

壁の中身は時代によって異なっていますが、壁があったことは間違いありません。人口が増加している時にはほとんど意識されなかったのに、減少がはじまってみると、確かに壁が存在していた、と気づきます。事前に計測できなかったとしても、事後なら簡単に数値があげられます。人口容量という言葉を理解するには、これまでの学問の頑な立場を一時緩めて、柔軟な頭に切り替えてもらうことがまずは必要でしょう。

文化としての抑制装置

第二の仮説「人口抑制装置」は、マルサスの「人口抑制」論を継承しつつ、動物学や生態学の知見を取り入れて、より総合的に整理したものです。

IIIで紹介したようにマルサスは「人間は人口と生活資料の均衡が破れると、人口増加を抑えるため〝能動的抑制〟と〝予防的抑制〟をはじめる」と述べています。能動的抑制というのは動物界にも広く共通する反応で、人間にとっては「生理的な反応」といいかえることができます。他方、予防的抑制とは「自発的である限り、人間に特有なもの」と書かれているように、まさしく人類という種に備わった「文化的な反応」です。

そこで、この本では、能動的抑制を「生理的抑制装置」、予防的抑制を「文化的抑制装置」と定義し直しました。人間の人口抑制装置は、動物と同じ次元の生理的装置と人類独自の文化的装置の二重構造になっている、と考えたのです。無意識と意識、身分《み》け（感覚活動）と言分《こと》け（言語活動）、本能と文化など、人間性そのものに潜んでいる二重構造が人口の抑制にも現れたということです。

そのうえで、文化的抑制装置の中身を、直接的抑制、間接的抑制、政策的抑制の三つの次元に分けました。私たち人間は人口容量の制約が強まるにつれ、これら三つのうちいずれかを選んで行なったり、あるいは三つを同時に実施して、人口増加を抑えているのです。

いうまでもなく、これらの装置は、飽和した人口容量へ対応しようなどという、個々人の大仰な意識によって作動するのではありません。経済的な苦しさ、居住空間の圧迫、生活時間の多忙さ、ストレスの多さなどで、社会的な制約をうすうす感じはじめた人々が、少しでも自らの環境を改善しようと、意識的あるいは無意識的に作動させるものです。

それはちょうど、多くの動物たちが自らの種の保存などまったく意識しないで、個々の適応度を高めようと努める結果、全体として個体数が抑制されていくのと同じことです。

人口波動が理解できる人

第三の仮説「人口波動」も、マルサスの提起した「循環」論を、個体数生態学や文明論の視点から再構築したものです。

人間が文明によって人口容量に介入し、次々に規模を拡大していく以上、人口もまた段階的な波動を描きながら、一貫して増加していくという現象を、過去の人口推計によって一通り実証してみました。つまり、マクロな人口推移とは文明の推移でもある、ということです。

しかし、この仮説についても、「波動という言葉が不適切だ」とか「オカルト的な言葉を使うな」との批判があり、また実証方法についても、「人口推計の信頼性が低い」とか「グラフの作り方が恣意的だ」など、さまざまな意見が寄せられています。

パラダイムを変えよう！

「波動」という言葉が悪ければ、別の言葉でもかまいません。経済学用語には、建築循環、ジュグラーサイクル、クズネッツサイクル、コンドラチエフ長波といった言葉が多用されていますから、「波動」が気に入らなければ、「サイクル」でも「ウェーブ」でもいいでしょう。既存の用語で理解していただければいい、と思います。

人口推計についても、もともと古い時代を正確に計ること自体が無理な話なのですから、「信頼性がない」とか「根拠が薄い」といわれれば、そのまま認めざるをえません。だが、そうした不備を認めた上で、V、VIに示した二つのグラフから、「大まかにみると、世界人口にも日本人口にもそれぞれ波動がある」と理解してほしいのです。

それでもなお「波動などありえない」と反論される方には、見解の相違と申し上げるしかありません。先に述べたように、マルサス自身でさえ、人口波動の存在を世の中に理解してもらうのは大変難しい、と考えていました。まして筆者ごときの表現力で理解していただけるとは思いません。ただ、マルサスもまた「深く考える思慮ある人」だけにかすかな期待を抱いていました。もし彼のいうことが正しければ、「人口波動」仮説を理解できるのは、頭の柔軟な思慮深い人だけ、ということになるでしょう。

この本では、従来の人口統計学や人口経済学の枠組みを超えた、いわば「人口生態学」とでもいうべき立場から、人口減少の背景と今後の展望を考えてきました。そのポイントは、人口容量、人口抑制装置、人口波動という三つの仮説に基づいて、現代日本が直面している人口減少社会の構造を分析し、二一世紀の方向を読み解くことでした。

だが、それだけではありません。もう一つの狙いは、現代社会をみる視点をどれだけ転換できるか、ということにありました。従来の社会科学や人文科学の通念や常識はもとより、近代的思考の基盤となっている科学的、分断的パラダイムもまた見直して、できるだけ思考の原点に立ち戻り、ものの見方、社会の考え方を作り直してみようと思ったのです。

いささか不遜な意図を持ったのは、現在の諸科学の知見や定説に不満をもったからです。とりわけ社会・経済現象を研究する分野では、経済学や社会学などの伝統的なパラダイムに閉じこもって、相も変わらず常識的な知見や提言を排出しています。それに影響されて、政府の政策やマスメディアの論調も、固定的で陳腐な発想を変えようとはしません。さらにそれらが一体となって、的外れな世論さえ形成しています。

その典型が人口減少問題です。「少子・高齢化で人口が減る」、「出生率を上げれば出生数が増える」、「少子化対策が進めば子どもが増える」などと、不正確な情報をまことしやかに流しています。この本で幾度も述べてきたように、これらは必ずしも正しい言説ではありません。

あくまでも一つの見方、あえていえば一つの仮説にすぎません。にもかかわらず、何の疑いもなく常識化していることが問題なのです。

それゆえ、この本では人口減少を素材に、従来の理論や通念とはまったく別の見方ができることを示してきました。要するに、あらゆる理論は仮説にすぎません。絶対の真理など存在しないのです。もし一つの仮説で行き詰まったとしたら、別の仮説を求めればいい。仮説と仮説の論争の中から、より望ましい方向を求めていけばいい。仮説は仮説を産み、その連鎖がパラダイムを変えていきます。

パラダイムを転換すれば、問題の捉え方が変わる。問題の捉え方が変われば、解決の方法も変わる。従来のパラダイムではどうしようもなかった人口減少も年金破綻も、パラダイムを変えれば、新たな解決の方向が容易にみつかるでしょう。一本の補助線を引いて、モノの見方を変えていくこと、それこそがこの本のささやかな企みなのです。

巻末になりましたが、この本の企画・出版にあたっては、幻冬舎の志儀保博さんに大変お世話になりました。ここに記して感謝の意を表します。

二〇〇八年早春

古田隆彦

世界人口の推移(推定データ)

波動	西暦・年	人口(百万人)	出典
石器前波	-40000	1	Biraben, 1979(1)
	-36000	2	
	-35000	4	
	-30000	5	
	-25000	6	
	-20000	6	
	-15000	6	
石器後波	-10000	5	Biraben, 1979
	-9000	5	
	-8000	6	
	-7000	6	
	-6000	11	
	-5500	20	
	-5200	40	
	-5000	45	
	-4500	50	
	-4000	50	
農業前波	-3500	45	Biraben, 1979
	-3000	50	
	-2500	60	
	-2000	70	
	-1800	70	
	-1600	80	
	-1400	90	
	-1200	100	
	-1000	100	
	-800	110	
	-700	110	
	-600	120	
	-500	130	
	-400	153	
	-300	180	
	-200	225	
	-100	230	
	0	252	
農業前波	100	255	
	200	257	
	350	254	Clark, 1967(2)
	400	206	Biraben, 1979
	500	207	
	600	208	
農業後波	700	206	Biraben, 1979
	800	224	
	900	222	
	1000	253	
	1050	270	
	1100	299	
	1150	350	
	1200	400	
	1250	417	
	1300	431	
	1340	442	
	1400	375	
工業現波	1500	461	Biraben, 1979
	1600	578	
	1700	680	
	1750	795	国際連合, 1973(3)
	1800	969	
	1850	1265	
	1900	1656	
	1930	2070	
	1950	2519	国際連合, 2004(4)
	1960	3024	
	1970	3697	
	1980	4442	
	1990	5285	
	2000	6071	国際連合, 2006(5)
	2050	8919	
	2100	9064	
	2150	8494	

注

(1) J.N. Biraben, *Essai sur l' Évolution du Nombre des Hommes*, Population, 34：1, Jan./Feb. 1979より抽出

(2) Colin G.Clark, *Population Growth and Land Use*, 1967

(3) United Nations, *The Determinants and Consequences of Population Trends*, vol.1, 1973の平均値

(4) United Nations, *World Population Prospects, the 2004 Revision*, 2004

(5) United Nations, *World Population to 2300*, 2006

日本人口の推移（推定データ）

波動	西暦・年	人口(万人)	出典
石器前波	-25000	1.5	古田，1996(1)
	-15000	3	
	-10000	2	
石器後波	-6100	2	小山，1984(2)（以下、北海道、沖縄を除く）
	-3200	11	
	-2300	26	
	-1300	16	
	-900	8	
農業前波	100	60	小山，1984 社会工学研究所，1974(3)
	250	300	
	700	523	
	900	644	
	1100	696	
農業後波	1300	818	社会工学研究所，1974
	1400	891	
	1500	953	
	1550	1029	
	1600	1200	速水，1968(4)（北海道は内地人のみ、沖縄を除く）
	1650	1718	
	1700	2769	
	1721	3128	社会工学研究所，1974（以下、沖縄を除く）
	1726	3186	
	1732	3231	
	1744	3138	
	1750	3101	
	1756	3128	
	1762	3111	
	1768	3150	
	1774	3119	
	1780	3121	
	1786	3010	
	1792	2987	
	1798	3012	
工業現波	1804	3075	社会工学研究所，1974
	1822	3191	
	1828	3263	
	1834	3248	
	1846	3242	
	1865	3451	安川，1977(5)（以下、沖縄を含む）
	1870	3538	
	1872	3481	内閣統計局，1930(6)
	1880	3665	
	1885	3831	

波動	西暦・年	人口(万人)	出典
工業現波	1890	3990	
	1895	4156	
	1900	4385	
	1905	4662	
	1910	4918	
	1915	5275	
	1920	5596	国政調査報告，各調査年(7)
	1925	5974	
	1930	6445	
	1935	6925	
	1940	7193	
	1945	7215	
	1950	8320	
	1955	8928	
	1960	9342	
	1965	9828	
	1970	10372	
	1975	11194	
	1980	11706	
	1985	12105	
	1990	12361	
	1995	12524	
	2000	12693	
	2005	12777	
	2010	12683	国立社会保障・人口問題研究所，2006(8)（低位値）
	2015	12451	
	2020	12122	
	2025	11719	
	2030	11258	
	2035	10745	
	2040	10183	
	2045	9592	
	2050	8997	
	2055	8411	
	2060	7815	
	2065	7201	
	2070	6588	
	2075	6006	
	2080	5472	
	2085	4986	
	2090	4541	
	2095	4134	
	2100	3770	

(1) 古田隆彦『人口波動で未来を読む』日本経済新聞社，1996
(2) 小山修三『縄文時代』中公新書，1984
(3) 社会工学研究所（主査：古田隆彦）『日本列島における人口分布の長期時系列分析』，1974
(4) 速水融『日本経済史への視覚』東洋経済新報社，1968
(5) 安川正彬『人口の経済学』春秋社，1977
(6) 内閣統計局『明治五年以降我国の人口』1930
(7) 国政調査報告，総務省統計局，各調査年
(8) 国立社会保障・人口問題研究所『日本の将来推計人口』2006

引用文献

（著者名五〇音順）

『動物の数は何で決まるか』伊藤嘉昭＋桐谷圭治・一九七一・NHKブックス／『経済発展の生態学』ウィルキンソン、R・G・＋斉藤修ほか訳・一九八五・リブロポート／『ものぐさ精神分析』岸田秀・一九八二・中公文庫／『新人口論』コーエン、J・E・＋重定南奈子ほか訳・一九九八・農山漁村文化協会／『二三〇〇年への世界人口』(World Population to 2300, United Nations, 2006) 国際連合人口部／『日本の将来推計人口』国立社会保障・人口問題研究所・二〇〇七・㈶厚生統計協会／『縄文時代』小山修三・一九八四・中公新書／『縄文文化と日本人』佐々木高明・一九八六・小学館／『坂の上の雲』司馬遼太郎・一九七八・文春文庫／『子殺しの行動学』杉山幸丸・一九八〇・北斗出版／『一般言語学講義』ソシュール、F・＋小林英夫訳・一九七二・岩波書店／『個体群と環境』高橋史樹・一九八二・東京大学出版会／『経済発展と世界人口』チポラ、C・＋川久保公夫他訳・一九七一・ミネルヴァ書房／『第三の波』トフラー、A・＋徳岡孝夫訳・一九八〇・日本放送出版協会／『千のプラトー――資本主義と分裂症』ドゥルーズ、G・＋ガタリ、F・＋宇野邦一ほか訳・一九九四・河出書房新社／『室町戦国の社会』永原慶二・一九九二・吉川弘文館／『生態学入門』日本生態学会編・二〇〇四・東京化学同人／農林水産省・食料・農業・農村問題調査会・食料部会資料「我が国の食料安全保障上問題となる事態に備えた対応策と食料供給シミュレーション」一九九八年六月八日／『農林水産政策研究所レビュー』No.10・農林水産政策研究所・二〇〇三年一二月／『ヒトはなぜヒトを食べたか』ハリス、M・＋鈴木洋一訳・一九九〇・早川書房／『文明の衝突』ハンチントン、S・＋鈴木主税訳・一九九八・集英社／『前工業化期日本の経済と人口』ハンレー、S・B・＋ヤマムラ、K・＋速水融ほか訳・一九八二・ミネルヴァ書房／「概説一七―一八世紀」『日本経済史1　経済社会の成立』速水融＋宮本又郎・一九八八・岩波書店／『動物にとって社会とはなにか』日高敏隆・一九七七・講談社学術文庫／『社会生物学論争』ブロイアー、・＋垂水雄二訳・一九八八・どうぶつ社／『人口波動で未来を読む』古田隆彦・一九九六・日本経済新聞社／「ラストモダン」古田隆彦・一九九〇年二月二六日夕刊・日本経済新聞／『楢山節考』深沢七郎・一九六四・新潮文庫／『イギリスと日本　マルサスの罠から近代への跳躍』マクファーレン、A・＋船曳建大監訳＋北川文美ほか訳・二〇〇一・新曜社／『初版　人口の原理』マルサス、T・R・＋高野岩三郎ほか訳・一九三五・岩波文庫／『人口の原理　第六版』マルサス、T・R・＋南亮三郎監修＋大淵寛ほか訳・一九八五・中央大学出版部／『絶滅の生態学』宮下和喜・一九七六・思索社／『成長の限界　人類の選択』メドウズ、D・L・ほか＋枝広淳子訳・二〇〇五・ダイヤモンド社／『新しい歴史』ル・ロワ・ラデュリ、E＋樺山紘一ほか訳・一九八〇・新評論／『ソロモンの指輪』ローレンツ、K・＋日高敏隆訳・一九八二・早川書房

（著者名アルファベット順）

Biraben, J. N., *Essai sur l'Évolution du Nombre des Hommes*, Population, 34 : 1, Jan./Feb. 1979 ／ Deevey Jr., E. S., *The human population,* Scientific American, Sept. 1960 ／ Gever, J./Kaufmann, R./Skole, D./Vorosmarty, C., *Beyond Oil*, Ballinger Books 1986 ／ Hassan, F., *On Mechanisms of Population Growth During the Neolithic*, Current Anthropology, Vol. 14, No. 5, 1973 ／ McEvedy, C./Jones, R., *Atlas of World Population History,* Penguin Books, 1978 ／ Pearl, R., *The Biology of Population Growth*, A. A. Knopf, 1925 ／ Scheffer, V. B., *The rise and fall of a reindeer herd*, Scientific Monthly, 73, 1951 ／ Thompson, H. V./Worden, A. N., *The Rabbit*, Harper, 1956 ／ Wrigley, E. A./Schofield, R. S., *The Population History of England, 1541-1871*, Cambridge University Press, 1989 ／ Wynne-Edward, V. C., *Animal Dispersion in Relation to Social Behavior*, Hafner, 1962

著者略歴

古田隆彦《ふるたたかひこ》

現代社会研究所所長、青森大学社会学部教授。

一九三九年岐阜県生まれ。名古屋大学法学部卒業。

八幡製鐵所（現・新日本製鐵）、社会工学研究所取締役研究部長を経て、

一九八四年から現職。

専門は応用社会学、消費社会学、人口社会学、未来社会学。

著書に『人口減少　日本はこう変わる』（ＰＨＰ研究所）、

『凝縮社会をどう生きるか』（ＮＨＫブックス）、

『人口波動で未来を読む』（日本経済新聞社）などがある。

幻冬舎新書 085

日本人はどこまで減るか
人口減少社会のパラダイム・シフト

二〇〇八年五月三十日　第一刷発行

著者　古田隆彦

発行者　見城　徹

発行所　株式会社　幻冬舎

〒一五一-〇〇五一　東京都渋谷区千駄ヶ谷四-九-七

電話　〇三-五四一一-六二一一(編集)

〇三-五四一一-六二二二(営業)

振替　〇〇一二〇-八-七六七六四三

ブックデザイン　鈴木成一デザイン室

印刷・製本所　株式会社　光邦

検印廃止

Printed in Japan　ISBN978-4-344-98084-6 C0295

ふ-2-1

幻冬舎ホームページアドレス http://www.gentosha.co.jp/

*この本に関するご意見・ご感想をメールでお寄せいただく場合は、comment@gentosha.co.jp まで。